我们为什么做蠢事？

[法] 西尔万·德卢伟　著　[法] 玛戈特　绘
张少琼　译

格致出版社　上海人民出版社

译者感言

刚拿到这本书的时候，我立刻就被书中的漫画吸引了，在咕可和咕可可以及他们的同伴们的嬉笑打闹间，就把“高尖深”的社会心理给诠释了。书中的漫画既可按章节独立组成故事，也可串联成一个完整的故事。这是一次社会心理学研究和漫画的完美结合，既是创新，也是互补。

通过翻译本书，我不仅了解了很多著名的社会心理学实验和社会心理学家，更重要的是一度令我感到疑惑的社会现象，在这本书中也一一找到了答案，例如：

• 为什么在2012年日本大地震之后，中国出现了“抢盐”热潮，只是因为吃盐可以防辐射吗？为什么人们那么轻易地就相信了这个谣言？

• 经常看到“老人摔倒，数名路人围观却没人扶”的报道，即使不知道怎么扶，也可以立即拨打求救电话110，为什么没有人这么做呢？人心怎么会如此冷漠？

• 为什么人们总认为自己的团队是最能干的，而其他团队都不如自己的团队？

我们总是嘲笑那些做蠢事的人或对他们感到愤怒，但当我翻译完本书，却再也不能如此，不是因为我也会做出类似的蠢事，而是这些所谓的“蠢事”背后都有其深层次的原因。因此，本书带给我的不仅是知识，还有看待这个世界的态度和角度，这个社会需要更多的尊重和理解。

当然，翻译并不是件容易的事，甚至有时候是很痛苦的。在解释深奥的社会心理学理论时，在遇到西方固有的谚语和历史故事时，除了理解原文，还需要查阅大量的相关资料，才能使得译文更加准确和贴近中国人的阅读方式和思维模式；尽管如此，大家还是能从译文中嗅出这位法国社会心理学者的思维和逻辑模式。

阅读本书时，如对本书中提到的某个实验或者某个研究感到不解、疑惑，或者想要了解更多时，建议查看相关英文或者法文词条。

最后，我要感谢刚出生的宝宝和家人对我的支持，感谢出版社对我的信任。

你可以不必一次全部阅读完本书，也不必按照章节顺序来看，只要选取你所感兴趣的内容来读，就能受益匪浅。

祝阅读愉快！

前言

昨天晚上发生的侵犯事件已经刊登在报纸上了：你的一个邻居在她的公寓门前被杀害了。新闻接踵而来。时钟一直往前走，是时候该出发了。你的目光停留在了这个广告上：邻近大学寻找一名研究记忆实验的志愿者。今天晚上你打电话是为了获取更多的信息。还有一件事，那就是不能忘了给你女儿所参加的夏令营邮寄费用。看，一辆警车停在你家门口。你儿子从楼梯上跑下来，喊道："这是来找我的！"

这些小故事集中了本书涉及的几个主题。

- 为什么昨天晚上你的邻居和你自己都没有赶来救助这位年轻的女士？

- 为什么在关于记忆的实验研究里，你会电击一个完全陌生的人？

- 为什么你的女儿会在第一时间讨厌一些人并喜欢另外一些人，然而在来夏令营之前她一个人都不认识？

• 为什么你的儿子会因为他的老师，出现在监狱里？

本书的主导思想和书名一样：我们为什么做蠢事？

Psyblog—Understand your mind 网站（www.spring.org.uk）的创始人杰里米·迪恩（Jeremy Dean）在 2007 年 11 月写了一篇名为《为什么我们会做愚蠢或不合理的事情：社会心理学的十项研究》的文章。他同意我对本书使用类似的标题，在此对他表示感谢。然而杰里米·迪恩提出的十项研究和本书选取的研究是不一样的。

为了回答这个宽泛的问题，我将借助社会心理学。现有的社会心理学有很多定义。在这里我将引用魁北克研究者罗伯特·范罗兰（Robert Vallerand）在 1994 年提出的定义：社会心理属于科学研究领域范畴，它对我们的思想、感情和行为模式进行分析，而我们的思想、感情和行为模式会受到其他人间接或直接的影响，同时也受到每个人各自的特点及围绕在我们周围的各种社会事件的影响；另外，社会心理学对心理活动是如何影响社会行为也进行了研究。

这门学科结合了心理学和社会学两门学科，书中介绍的二十多个心理学实验，有助于我们更好地理解环境和其他人带给我们的影响。

我会用最通俗易懂的方式把这些研究或者传统实验介绍和解释给大家。当然，在众多有趣、独特和惊人的实验中，我会选取对读者最有益的研究和实验。如果你看电视的话，可能会对这些电视剧非常熟悉，如《辛普森一家》（*The Simpsons*）、《法律与秩序：特殊受害者》（*Law & Order*：*Special Victims Unit*）、《重获新生》（*Life*）、《犯罪现场调查》（*CSI*：*Crime Scene Investigation*）、《美眉校探》（*Versonica Mars*）、《X档案》（*The X-Files*）、《神秘博士》（*Doctor Who*）以及《铁证悬案》（*Cold Case*），某些实验场景会出现在这些电视系列剧中，当然也会出现在电影和文学作品中，我后面会讲到。

尼古拉斯·瓦蒂斯（Nicolas Vaidis），也就是玛戈特（Margot），再一次接受了我的邀请，为本书增加了两个漫画人物：咕可（Kouik）和咕可可（Kouikette）。这真是一次完美的合作，因为通过插图，读者可以更容易理解书中所讲的各种现象。

阅读完本书后，你会发现，所谓愚蠢或者不合理的行为也许并不是那么没有道理。用一般的眼光来看，某些行为的确愚蠢或者不合理。看上去没有逻辑，但其实这些行为背后暗藏着另外一种逻辑。我只能讲到这里了，还是先请你来发现这些惊人的研究吧。

接下来，我要感谢一些机构和人，以此来结束这个简短的前言。

- 感谢雷恩第二大学社会心理实验室的研究员和我的同事的支持、帮助和建议；
- 感谢西尔薇（Sylvie）和何歌泽娜（Roxane）对原稿给出的中肯评语；
- 感谢玛丽·劳赫（Marie-Laure）的工作；感谢让（Jean）的理解和支持；
- 感谢米歇尔·路易（Michel-Louis）带我进入“互连”的世界，以及其他的一切支持；
- 感谢让·巴普蒂斯（Jean-Baptiste）和玛噶丽（Magali）。

祝阅读愉快！

西尔万·德卢伟

（http://www.facebook.com/pourquoi.faisons.nous.choses.stupides）

目录

译者感言

前言

1. “其他人会怎么做？”
社会影响和社会规范 001

2. “火星人来了，快逃命吧！”
群体恐慌 019

3. “好像……”
谣言的传播 037

4. “我无法相信自己的眼睛！”
社会影响和从众行为 053

5. “你很无能！”
社会分类效应 069

6. “这是世界末日！”
信仰和认知失调 087

7. “请继续……”
权力服从 103

8. “你无能为力！”
群体极化和群体思维 119

9. “没有，我们什么也没听到，怎么了？”
冷漠和旁观者效应 135

10. “让我出去！”
斯坦福监狱 151

11. “谁是我的邻舍？”
好撒玛利亚人的寓言 167

12. “滚吧，蠢货！”
社会思维和“互连” 183

后记 200

1

“其他人会怎么做？”

社会影响和社会规范

METRO
嗨！你们看到
那个蹩脚的
衣着了吗？

003

1935 年，美国纽约哥伦比亚大学。

“怎么回事？怎么会不动呢？”我无法相信这个事实。

这是我第一次参加科学实验，希望做得能够符合实验要求。昨天在哥伦比亚大学最大的图书馆——巴特勒图书馆（Butler Library）遇到了他，一个年轻的博士生，他正在为博士论文寻找志愿者。我思忖他来自哪个国家，因为他讲话带点口音。不过无论如何，只要参加视觉感知实验就能获得两美元。我是哥伦比亚大学的一年级新生，当时差点因为在走廊里迷路而耽搁了实验。

我问自己究竟来这里做什么。因为在半个多小时的时间里，室内始终笼罩在黑暗中，而我的头被固定在一个奇怪的机器里，面对着屏幕，一动也不能动。参与实验的一共有三个人。小亮点已经在我们面前出现了 76 次。任务简单却无聊：一会儿之后，博士生对我们说：“亮点将要移动。只要你们看到它开始移动，就按下你们面前的按钮。不用等待其他人的动作。几秒之后亮点就会消失。然后告诉我亮点的移动距离，尽可能详细。”

我们三个人对每一次操作中的估算都达到一致。我不得不问自己这个实验有什么用。

实验终于结束了。什么？需要我单独重新开始实验？100个小测试？那好吧……

◆

穆扎费尔·谢里夫（Muzafer Sherif），他的真实姓名是 Muzaffer Şerif Başoğlu，1906年7月29日出生于土耳其。在伊斯坦布尔大

学完成第一个阶段的学业之后，他移民到了美国。谢里夫先后进入哈佛大学和哥伦比亚大学，在加德纳·墨菲（Gardner Murphy）的指导下，开始了博士论文的写作。他的导师是当时美国有名的心理学家。

他的论文方向是研究社会因素对认知的影响：当我们认识周围世界的时候，会被其他人影响吗？具体来说，就是在一个模棱两可的情景下，个体的认知和判断是否会受到其他人的认知和判断的影响。

所有的研究都是在模糊情景下开展的，他把实验参与者带到这种情景里。

你一定有过手足无措或者惶恐不安的经历。在没有方向或者陌生的环境里，你会怎么做呢？

你会先看看右边，再看看左边，你会非常笃定或者轻率地以某人为例。其他人的脑海中也会产生同样的想法：如果我不会做的话，其他人，他们应该知道怎么做。所以，其他人会和你做同样的事情！你看着他们，他们也在观察你。于是你处在社会心理学中称之为“群体无知”的情景里，在这种场景下，大家彼此观察以便判断如何行动和表现。

◆

让我们再回到过去的年代。1899 年，埃德温·埃默里·斯洛森（Edwin Emery Slosson）是怀俄明大学的化学老师。听听他所讲述的故事：

我早就准备好了一瓶装满蒸馏水的瓶子，仔细地用棉纱包裹着并放在一个盒子里。在几个实验之后，我宣布我想了解气味散发到空气中的速度，于是要求我的助手们一闻到气味，就立马举手。我取出瓶子把水浇到了棉纱上，并且头部远离操作平台。然后我拿了一个秒表，统计结果。我当时绝对肯定阶梯教室里没有人闻到我刚才浇到棉纱上而产生的化学合成的气味。15 秒后，大部分前排助手已经举起了手；接下来，40 秒后，有序而又浪涛般的举手证实气味已经散发到了教室后面。3/4 的助手声称闻到了气味。假如再过一分钟，如果我没有停止实验，那么绝大多数的听众毫无疑问会屈服于我的暗示，甚至前排的一些助手会因为难以忍受的气味而想离开教室。

这个小故事非常有意思。瓶子里的蒸馏水很快被赋予了味道。每个人都真心诚意地认为闻到了一些东西。炼金术已经不再遥远了！

为什么？怎样做到的？斯洛森告诉我们，这只需要“暗示”这一行为就能够办到了。按照今天的话来说，就是彼此相互影响，即社会影响。如果老师说我们会闻到一些东西，那么我们就能闻到一些东西，而这仅仅只需要一个人举起手，其他人就会相继跟随。

◆

我们再来谈谈哥伦比亚大学的谢里夫。这位心理学博士对规范非常感兴趣，尤其是社会规范。什么是规范？根据字典的定义，规范是：普遍的状态或者人们约定俗成所遵循的规则。社会标准为一个社会或一个群体的运行提供了行为准则：知道如何表现、如何行动，也知道如何说话、如何穿戴、如何判断，以及知道什么是不合时宜的或者什么是不被群体的普遍行为和社会内部的意见所接受的。

当然，社会规范不是固定和一成不变的。它能变化、发展或者消失。它由群体来定义，通常来说，是由这个群体的文化或历史来决定的。如果说 18 世纪的衣着标准是禁止女士们穿裤子的话，那么当代社会的标准已经完全不同了，即使法国 1800 年雾月 26 日法令（所有想穿男性衣服的女性必须在警察局取得合法许可）没有被废除！[①] 小姐们、女士们，在下次着衣前要三思而行啊！不要担心，社会规范会随着时间的流逝在同一种文化中发展变化。

如果把社会规范当作规则的话，那么我们允许行为、态度及同意或者指责方面的规则有稍许变化。因此，在一定限度内，和行为标准、态度标准及舆论标准保持一致的社会规范可以变化，这是能够接受的。例如，晚上 10 点 5 分的噪音依然是可以容许的，虽然约定俗成的概念是晚上 10 点之后就不能再出现噪音了。不管是白天还是黑夜，分贝极大的噪音都是被禁止的，这也是一

① 该法令于 2013 年 1 月 31 日废除。——译者注

种社会规范。

社会规范从来都是集体的意愿而非天然形成：它通过社会传播，让每个个体都遵守规则。最后，我们要注意，社会规范是建立在所给予的价值基础上的：它定义所有合乎群体意愿的事件。价值和真相的标准是完全不一样的，因为意愿不等同于真实。

◆

因此，研究社会因素影响人类认知的谢里夫，将揭示群体内标准的建立方式，也就是标准化的形成。谢里夫认为，模糊情景导致了行为模式的同一化，即社会规范的形成。那么，在模糊情景里，在没有任何规范的情况下，会发生什么呢？在这样的情景下，单独的个体将采取怎样的方式呢？个人标准将会建立吗？如果会的话，当一个个体面对另外一个个体时，标准将如何变化呢？

困难在于，要找到一个能够观察多种标准产生方式并且没有任何既定规范的实验环境。为了创造这样一个模糊情景，谢里夫采用了天文学家常用的一个效应：自主运动效应。当天空中只有一颗星星的时候，人们会产生知觉错觉，以为星星在我们的视线内移动。在没有参照物的情况下，我们会对物体运动产生错觉。还有什么比视觉错觉更加模糊的呢！

◆

实验在美国的哥伦比亚大学进行。所有的参与者都是19—30岁的大学男生，他们坐在一间狭长且黑暗的房子里。房间深处，一个灵敏的机器控制着光点的出现和消失。没有参照点，并且被笼罩在黑暗里，这些参与者将会产生错觉，那就是这些光点会不规则地移动。但事实上，这些点都是不动的。

每个参与者都被要求标出从哪一刻起，他们“看到”了光点的移动，并且在实验快结束的时候，要指出光点所移动的距离。参与者们在几天的时间里完成了好几个场次的共计 100 个测试。谢里夫比较了不同条件下的实验，也就是在不同的变量下进行比较：

- 个体情景：每个参与者单独面对实验人员；
- 个体情景之后的群体情景下（2 到 3 个人一组，每个人能看到其他人的估算结果）；
- 群体情景之后的个体情景。

在个体情景下，谢里夫观察到每个人的评估大相径庭。

被试1：天哪，光点移动得很厉害！嗯，我认为有40厘米。

被试2：现在，我觉得它们都是几乎不动的。看，我估计有5厘米。

被试3：啊，我不是很清楚，依我看，有30厘米。

被试4：大概12厘米？

渐渐地，这些估算的差距变小。

20厘米，22厘米，19厘米，21厘米，20厘米……

参与者逐渐形成了他们自己的标准。在缺乏客观度量的模糊情景下，这种个体标准将为新一轮的判断提供参考。当然，这种个体标准（这里，例如20厘米）会和其他人的评估产生较大的差距：这是个体间的差异。围绕着中心价值，每个个体很快减少他们每次估算的差异，这样就形成了他自己的标准。但是因为我们每个人都是不同的，所以个体间的中心价值也是千变万化的。

在独立实验之后，如果把这些参与研究的实验者放到集体情景下，会有什么不同呢？换句话说，在建立了自己的个体标准之后，和其他人一起参与实验，他们会有怎样的反应？

谢里夫进行了同样的操作，但这次是集体实验：随着和群组内其他人一起参与评估，个体标准和变量越来越趋向于同一个标准和同一个变量。每个参与者逐渐改变他们自己的初始参考系统(每个个体都不一样)，从而最终形成了共同的系统。每个人将放弃或者逐渐改变个体标准，和其他人共同建立群组标准。这个标准是由多个个体的评估汇合集中建立起来的。

群内集体标准的建立模式，有时候是因为某一个参与者超强的影响力（例如，某一个人貌似非常自信，其他人就会以他为例），有时候是大家都朝着一个中立的立场妥协，还有时候是大家共同创造出一个独特的标准。

最后一个让谢里夫感兴趣的情景，就是当建立起一个群体标准后，个体在单独的情况下，又会有什么反应呢？这是第三个，也是最后一个实验。在进行了集体情景实验后，我们又让参与者回到个体情景。这时，他们使用了之前所建立起来的群体标准（集体标准）。当他们单独评估光点的移动距离时，他们没有再次建立个人参考系统，而是使用了集体所建立的系统（并不是有意识的）。

◆

谢里夫解释，这样的结果可以理解为为了减少不确定性。因为参与者所处的情景有着模糊的特点，再加上他们已经有了之前的经验，所以他们不确定答案的有效性。“我做得对吗？我是不是做错了？另外一个同学，他是不是已经有过类似的经验了？可能他是学自然科学的，因此他给出的估算应该比我好？”因此他们试图减少不确定性。因为没有一个客观的标准来让他们评判答案正确与否，因此参与者根据组内其他成员的回答来调整自己的答案。模糊情景导致个体成员之间相互模仿评估。

◆

穿越大西洋，现在我们来关注一下法国人日尔曼·德·芒特莫兰（Germaine de Montmollin）的著作。在 20 世纪 60 年代中期的法国，这位社会心理学家希望能够复制谢里夫的实验，以便更好地理解规范化的形成过程，即理解群体规范是怎样形成的。

芒特莫兰不再重复自主运动实验，而是在一块简单的板子上投射了 80 个不同颜色的小圆点。因为这些圆点只出现 4 秒钟，因此来不及数清楚。几乎没有学生是这种活动的专家，即使他们遇到过类似的场景！每个学生要估算出小圆点的数量，在进入下个实验之前，他们可以和群内的其他成员交流。当然，因为没有一个学生之前做过这样的练习，因此也无法在 4 秒钟的展示之后给出明确的答案。

谢里夫的研究显示出学生的答案具有趋同性。芒特莫兰认为，参与者们考虑到群组内答案分布的特点，他们会自动扮演统计师或者数学家的角色。每个人用同样的方式思考，这也就是为什么他们的答案会如此相似。因此，答案的趋同说明每个人脑子里的计算都是一样的。大家都算出自己的答案和其他人的答案的平均值，最后，所有人都得出了差不多一样的结果。

当然，这个平均值的得出，仅限于一些貌似是正确答案的数据。如果群内一个成员提出他看到了 3 个或者 4532 个小圆点，没有人会重视他的答案。这就是为什么一些参与者会忽略一些异常的答案，而只是把注意力集中在和他的答案近似的一些估算结果上。

◆

几年之后，另外一个法国研究者，塞尔日·莫斯科维奇（Serge Moscovici）提出了另外一种解释。他阐释趋同或者标准化现象的产生是为了避免冲突的发生。在我们刚才介绍过的两例研究中（谢里夫和芒特莫兰的实验），实验的设计使成员们不可能在短时间内达成一致。

事实上，在得出自己的估算之前，需要对所有的答案有整体的了解。因此，每个参与者或多或少会在意他的估算和其他人的估算之间的差距。因此，莫斯科维奇认为存在估算冲突。然而，这个冲突有点与众不同，因为不管是在光点移动还是在小圆点数量的实验里，没有一个成员会真的忠实于他自己的答案。所以，成员之间无需"为了答案而打架"或者把一个答案强加给其他人。在这样的情况下，为了避免冲突，每个人都尽量把自己的数据趋同于其他人的数据。

因此，规范化就是一种避免冲突的协商结果，但这种冲突避免只在一种特殊情况下适用，那就是参与者不会被评判。否则的话，他们不仅不会避免冲突，而且还会制造冲突。所以，规范化就是集中大家的意见，而不是一方尽量去说服另一方。

法国电视台播出的美国电视剧《迷失》（*Lost*）讲述的是海洋航空公司 815 航班在南太平洋一个神秘的热带小岛上坠毁后，发生在 48 名机上幸存者身上的故事。第一集展现了每个人在飞机发生事故后表现出来的不同性格。在这个陌生的环境里，幸存者们组成了一个团队，而他们之前都互不相识。这个团队将要重新设立组织结构，成员们将一起居住，因此他们要建立新的规范并学会一起生活。

2

"火星人来了，快逃命吧！"

群体恐慌

火星人
入侵了！！！

1938年10月30日，美国格罗弗磨坊（Grover's Mill）。

20点5分，大家刚吃完晚饭。客厅里，你的儿子在壁炉旁玩你送给他的消防车玩具，你的妻子递给你一杯水并打开了广播。美国哥伦比亚广播电台正在现场转播大酒店里举办的流行歌曲晚会。你沉浸在报纸阅读中。突然，一条紧急新闻打断了晚会，也打断了你的阅读。伊利诺斯天文台刚刚观察到发生在火星上的爆炸。新闻过后，音乐继续响起，你也继续看报纸。

20点50分，马达转起来了。大家都已经坐到车里了吗？无论怎样，你已经没有时间带东西了。必须要离开，越快越好，越远越好！广播宣布外星人已经来了，就在几十公里之外，必须要逃离。那还有什么理由待在这里呢？待在这里做什么呢？你正在做梦吗？不是。不经意间，你变成了广播闹剧中的一员……

◆

1938年10月30日晚上播出的节目是根据赫伯特·乔治·威尔斯（Herbert George Wells）的小说《世界大战》（*The War of the Worlds*）改编而成的广播剧中的一个场景，由演员奥森·威尔斯

(Orson Welles) 和他所在的水银剧团演播。这部剧讲述的是突如其来的火星人的侵略置地球人于危险中，入侵造成的恐慌影响了成千上万的美国听众。

研究恐慌反应的美国研究员坎特里尔（Cantril）讲述道："广播剧还没有结束，全世界的人们就开始祈祷和哭泣，面对外星人的侵略，他们陷入绝望。一些人试图救助他们的亲人；另外一些人相互告别或彼此打电话提醒危险，或者预警他们的邻居。还有一些人希望从报纸和广播中得到最新的信息或者帮助。"

1938 年 10 月 30 日的晚上，电话台、急救中心和电台全部都乱套了。恐慌笼罩了美国！警察包围了奥森 · 威尔斯以及他的团队所在的电台工作室。

◆

我们来介绍一下赫伯特 · 乔治 · 威尔斯几部著名的奇幻文学和科幻小说：《时间机器》(*The Time Machine*)、《莫洛博士岛》(*The Island of Dr.Moreau*)、《隐身人》

(*The Invisible Man*)、《最早登上月球的人》(*The First Men in the Moon*)，当然还有《世界大战》。自1897年4—11月起，这部小说起初以连载的形式出现在《皮尔逊》杂志上，后来1898年英国威廉·海涅曼（W.Heinemann）出版社正式出版该小说（结尾稍作修改）。这部小说获得了极大的成功，并被翻译成多种语言，数次再版。

小说讲述的是火星人对英国发动了战争，并且入侵地球的故事。火星遭受严重的生态破坏，火星人不得不找到一个避难所。通过天文望远镜，他们找到了地球并且将之作为侵略目标！被外星人入侵这样的题材在电影院里比比皆是，如《地球停转之日》(*The Day the Earth Stood Still*，1951)、《火星入侵记》(*Invaders from Mars*，1953)、《飞碟入侵地球》(*Earth VS. The Flying Saucers*，1956)、《第三类接触》(*Close Encounters of the Third Kind*，1977)、《E.T. 外星人》(*The Extra-Terrestrial*，1982)、《来自火星的侵略》(1986)、《火星人玩转地球》(*Mars Attacts*!，1996)、《独立日》(*Independence Day*，1996）和《进化危机》(*Evolution*，2001）等。如果你还没有看过这部小说的话，你可以先看一下1953年由拜伦·哈斯金（Byron Haskin）导演改编的电影。斯蒂芬·斯皮尔伯格（Steven Spielberg）在 2005 年将《世界大战》重新搬上银幕，并对故事稍作修改。

◆

1937 年年末，洛克菲勒基金向普林斯顿大学发放了一笔资金，用于研究广播对听众的影响。保罗·拉扎斯菲尔德（Paul Lazarsfeld）担任研究小组组长，哈德利·坎特里尔（Hadley Cantril）担任副组长。拉扎斯菲尔德，这位美籍奥地利社会学家，就此担任普林斯顿大学广播研究中心主任。1938 年 12 月 20 日，《纽约时报》宣布普林斯顿大学的研究团队就“奥森·威尔斯的广播剧《火星人入侵》所带来的影响展开研究”。1940 年《来自火星的入侵》（*The Invasion from Mars*）一书在哈德利·坎特里尔的带领下出版问世。由普林斯顿大学出版社出版的《恐

慌心理研究》是研究小组们的劳动成果。

◆

访谈在节目播出一周以后开始进行，并且持续了三个礼拜。我们估算有600万听众曾收听此节目。当时的调查数据显示28%的听众认为所发布的信息是真实的，70%的听众认为这是真的新闻简讯，他们甚至因此而恐惧和哆嗦。这也就意味着170万人认为收到了紧急新闻，120万人受到广播信息的蛊惑！因此，百万余人在1938年10月30日的晚上陷入恐慌，他们认为火星人正在侵略他们的国家。

就像坎特里尔和他的合作者们强调的，承认害怕的人只是所有恐慌人群中很少的一部分。某些人因为羞愧而不愿承认他们当时的恐惧表现。

研究小组也向转播节目的92家电台台长发放了问卷，用来统计节目播出后电台收到的电话数量。有1/3以上的电台统计出：相比周日晚上的电话数量，30 日晚上的电话数量增加了近乎 500%。

◆

新泽西州的一位家庭主妇弗格森（Ferguson）女士，向坎特里尔研究小组的一个研究员讲述道："我知道这是件恐怖的事情，我当时感到害怕。但不知道到底是怎么回事。我无法相信那是世界末日。当听说世界末日到来的时候，我没有时间思考。那么为什么上帝会通过这个节目通知我们呢？当他们告诉我们要穿越田野、从哪条路上逃生的时候，孩子们开始哭泣，我们一家人决定出发。我们带了被子，我的孙女还想带上猫和金丝雀。

刚从车库里出来，邻居家的儿子就跑来告诉我们说这只是一场游戏。”

为什么会有恐慌的场景呢？为什么人们会祈祷、哭泣和逃离？某些听众真的认为他们的安全和生命就像赌博一样。这是一个生命受到威胁的场景。

◆

在广播剧准备过程中，他们关注到一点，那就是在那个时代，在美国3200万的家庭里，2700万以上的家庭拥有广播（比汽车或者电话的数量还要多）。广播在当时是最优质的大众媒体，它在美国和欧洲扮演着主要角色。罗斯福总统的演讲使得这一媒体更加无可替代，它给日常报纸杂志带来直接的竞争压力。

几年之后在《卡萨布兰卡》

(*Casablanca*) 电影里担任编剧的霍华德·科赫 (Howard Koch)，为奥森·威尔斯改编了小说《世界大战》，但把故事发生地改到了美国新泽西州东海岸、离纽约不太远的格罗弗磨坊。因为直播和紧急新闻是虚构的，所以他们扮演专家证人来增加节目的真实性，比如天文学家 [发布火星星球表面第一次爆炸的虚构教授——皮尔森 (Pierson)] 就是由奥森·威尔斯自己表演的。

为了增加可信度，他们还扮演军人教授大家可以采取的防御办法和撤离措施。所讲述事件从相对可信到完全的不可思议。对不熟悉这种事件 (火星爆炸、陨石靠近和坠落地球等) 的人来说，第一时间的新闻或多或少是可信的，但随着越来越多匪夷所思的事件的发生，连电台特派记者也不能相信自己的眼睛，或者他们无法用准确的词汇来描述。

您可以在网站 (http://d.pr/8T3p) 中找到 1938 年 10 月 30 日播出的节目原版。

◆

不是所有的听众都相信他们所听到的，或者说他们相信的程度不一样。首先，一些人认为这就是个节目。因为他们之前看了报纸（报纸里提到了奥森·威尔斯的广播改编剧），或者因为他们知道赫伯特·乔治·威尔斯的著作以及科幻文学。

接下来，还有一些人更换了频道。因为他们怀疑这是编导的故意安排，尤其是听到一些超级“荒诞”的新闻的时候，他们用其他一些方式核查了他们所听到的。爆炸或者陨星还在继续、太空船或者绿色的巨大章鱼（外星人被描述成这个样子）的描述使节目变得更加可疑。

最后，还有一些人留下来听节目。由于极度害怕，他们没有更改电台频道。他们以为这是个真实的新闻简讯。尤其是，当听

到对当时局势的描述：警察或者消防队的鸣笛意味着火星人的靠近！大多数人因恐慌至极而无力变更电台，某些人已经听天由命或者坐以待毙。另外一些人决定应对这一危机时刻，准备逃跑或者接受死亡。

◆

感到恐慌的人们就是所谓的“易受暗示的”人群。这些人相信他们所听到的，他们没有做任何的核查来证明这只是个虚构故事。

不能忽视上一章所提到的内容。当一个人不知如何面对陌生环境的时候，或者不知如何来解释的时候，会发生什么呢？如果所有人都跑的话，他也会跑！如果要核实信息的话，他会询问他的邻居，而他的邻居和他一样在听同样的节目！因此又回到最初

的恐慌状态。

节目播出后，新闻杂志报道了多起心脏病突发和自杀案例。美国人真的是如此“易受暗示”吗？

◆

根据皮埃尔·拉格朗日（Pierre Lagrange）的《世界大战是否真的发生了吗？》(2005）一书，奥森·威尔斯的广播剧制造的传闻掩盖了另外一个事实：根据传闻，那天晚上发生了全城恐慌，但事实上，谣言可能是在第二天由媒体引发的。拉格朗日自问道：“有些问题需要解答：是谁在广播剧《火星人入侵》事件的发布和散播中做了重大贡献？是一小部分听众的恐慌行为还是第二天媒体的大肆宣传？”

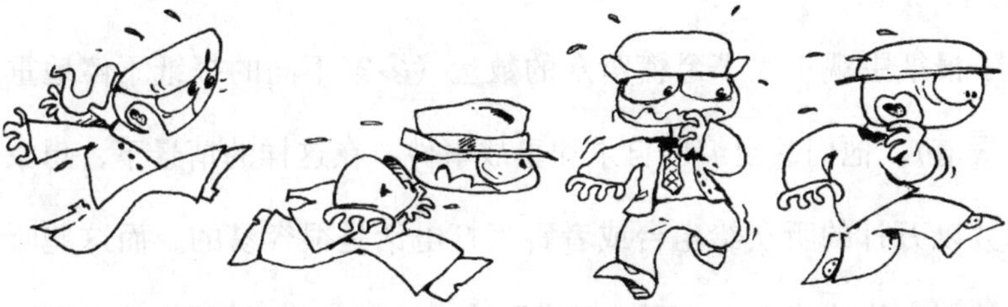

他个人认为，那天晚上是发生了一些事情，但是他希望天真

且惊恐的大众形象是虚假的。10 月 30 日晚上听众没有产生恐慌，而是在第二天才发生了惊慌。惊恐的知识分子认为不理智的浪潮席卷了美国。因为事实上，第二天的报纸杂志和所有人谈论的都是广播带来的恐慌。

在那个年代，有一群人我们称之为精英（即知识分子、科学家和记者），而另外一群人则是民众。有教养的人们认为所有的"美国民众 "被教化成愚蠢的人，他们随时会相信任何事情和任何人。

报纸主观扩大了恐慌听众的数量（多家不同的报纸不停地重复报道），他们甚至编出自杀和事故事件。在这样的情景下，想象出数以万计的听众给电台或者警察打电话是很容易的。而这些听众的行为使精英人士感到"恐慌"或者"被传染恐惧"，他们不仅仅只是发布消息。

拉格朗日还补充道："相信恐慌与否变成了检验你是否是认真的人的标准。这个事件的发生证实了我们的社会认知就像是一只不理智的魔鬼。因为在几十年里，我们相信有飞碟降落，而理智分析变得越来越难。那些没有盲从飞碟事件的人们表现出了他们的理智，于是他们在威尔斯的恐慌事件中也展现出无比的信念。"

因此，当晚没有发生集体恐慌，更准确地说则是在后来的几天甚至几个星期里，恐慌谣言不停地被传播和扩散，并且继续蔓

延。正因如此，我们无法估算数以万计的民众的真实恐慌，评估变得相当棘手。面对600万听众，评估只能不了了之。

◆

奥森·威尔斯的电台闹剧给后来的模仿者带来了很多灵感。1944年11月12日，火星人决定在智利登陆！为了向威尔斯致敬，Vitalicia合作电台用西班牙语改编了《世界大战》。然而，就像大家都知道的，广播改编剧引发了圣地亚哥居民的一些不安。电台在之后的几天表达了歉意。1949年2月12日，厄瓜多尔的首都基多发生了杀人和受伤事件。是因为火星人吗？后来发现被欺骗的人群要求电台和演员承担责任！

如果今天重新上演当年的故事的话，会发生什么呢？大量的媒体（以网络传播信息为主）应该不会引发恐慌。

几年以前，2006年12月13日，比利时电视公共频道RTBF切断了正常的节目，插入了一名为人熟知的记者播报的一条假新闻，"宣布弗拉芒地区脱离了比利时王国而独立，国王离开了该地区"。某些报纸已经就恐慌作了标题，但是这让人们更多地联想到奥森·威尔斯效应，而非事件本身。

这一章节的内容在美国人民心中留下了深刻的印象。在电视系列剧或者相关电影里经常会出现奥森·威尔斯广播闹剧的痕迹。

例如，电影《X档案》讲述了在一个名叫格罗弗磨坊（Grove Miller）（参考了威尔斯事件发生的城市格罗弗磨坊）的小城市上发生的恐慌事件，这个小城市被“蟑螂机器人”引发的恐惧所笼罩。在《第7天堂》里，露丝害怕度过2000年。她的父亲埃里克给她讲述了奥森·威尔斯的广播闹剧，并告诉她世界末日不会发生，即使那个时代的所有人都认为末日会到来。《辛普森一家》和《神秘博士》中很多剧情也都涉及了《世界大战》。

在系列剧《铁证悬案》的第5季第7集中，疑案发生在1938年10月30日“外星人入侵”之时。该剧一开始就完美地呈现出美国人对当年恐慌事件的深刻记忆。当警察署长指出死亡发生在1938年时，他问其他警察是否相信外星人。莉莉·拉什立刻明白并且回忆起她奶奶在那好几周里噩梦连连。

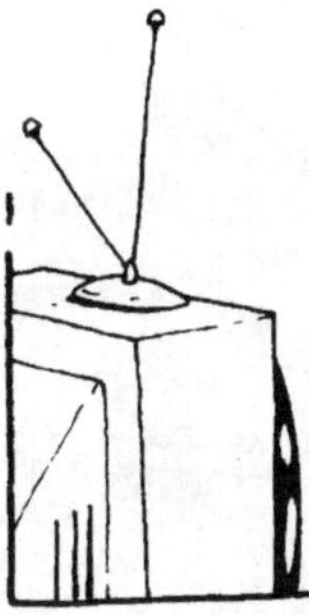

3

“好像……”

谣言的传播

好像有个家伙讲了一个外星人入侵的故事，在市中心引起了骚乱……
太疯狂了！
啊！你们那里发生了一件事情。

1945，美国马萨诸塞州剑桥市的哈佛大学。

我在等待，下一个，就该我了。

昨天遇见了他，我已不记得他的名字了，但是他和著名的奥尔波特教授一起工作。他负责招聘志愿者。他告诉我将会有200名观众，这让我有点害怕。

现在轮到我上场了。挤满了人的大阶梯教室的确令人吃惊不已。好像有什么东西投射在屏幕上，但是有人叫我不要再走了。

某个人给我详细描述了所投射出的画面。天哪，不要太快，我一下子记不住。加油！终于，描述结束了，现在我要尽可能准确地把我听到的告诉下一个进入阶梯教室的人。

嗯，这是一个发生在地铁里的故事。两个人之间发生了冲突，非常恐怖。哎呀，我忘了他刚讲的内容了。哦，不好意思，但我还是不能补充更多了。

谢谢，再见。非常可惜，我甚至都没有见到奥尔波特教授。

◆

高尔顿·威拉德·奥尔波特（Gordon Willard Allport）是一位

美国心理学家，1897 年出生于美国印第安纳州的蒙特苏马。他被认为是人格心理学的奠基人之一。他的哥哥 F. 奥尔波特（Floyd Allport）是美国著名的社会心理学家。作为有着极大影响力的《变态和社会心理学》杂志的主编，高尔顿 · 奥尔波特在联合国教科文组织和其他各种委员会中占有一席之地。身为哈佛大学的教授，他在态度方面的研究成果累累。他培养了很多美国心理学家，例如斯坦利 · 米尔格拉姆（Stanley Milgram），这位我们将在下一章里提到的心理学家，就曾是他的学生。但是在 20 世纪 40 年代初，他还只是个年轻的心理学家。利奥 · 波斯特曼（Leo Postman）也在他的领导下进行研究。这两位学生都想用实验的方式来研究谣言。

战争年代，“珍珠港事件”让每个人都记忆犹新。流言四起。罗斯福总统在 1942 年 2 月 23 日的电台演讲中，正式揭穿了谣言并确认了涉及详细损失的官方报告。二战加速了谣言的传播：军人和市民的精神状态变得至关重要。

◆

时间追溯到更早以前，当我们穿越大西洋，来到世界大战的另一个中心，即 1914 年一战中的比利时。对于比利时安特卫普的

沦陷，德国《科隆报》(*Kölnische Zeitung*) 以“宣布安特卫普的沦陷，人们敲响了教堂钟声”作为标题进行了报道。法国报纸《晨报》(*Le Martin*) 报道称：“根据科隆方面，当城堡被攻破后，安特卫普教士不得不敲响教堂钟声。”1928 年，亚瑟·庞森比在他的著作《战争时代的谎言和谣言》中提到了五家不同报纸的五条报道。

在《晨报》之后，英国《泰晤士报》报道：“据《晨报》发自科隆的消息，安特卫普沦陷后，拒绝敲钟的比利时教士被撤销职务。”接着，意大利的《晚邮报》宣布：“据《泰晤士报》报道，通过巴黎获得科隆的消息，不幸的教士在安特卫普沦陷后因拒绝敲钟被罚做苦役。”为了终结信息，《晨报》再次重新报道：“据《晚邮报》，通过科隆和伦敦，证实蛮族占领了安特卫普后，吊起拒绝敲钟的不幸教士，以作惩戒。”

这个事件非常完美地阐释了“雪球”效应。一条不起眼的新闻被传播、被修改、被颠倒，但不要担心，这五条新闻都是虚构的。帕斯卡·弗鲁瓦萨尔（Pascal Froissart）指出，这是庞森比从一个德国记者那里复制和翻译了这些新闻，他只是想表现出媒体宣传的力量！

◆

再次回到二战。像之前讲过的，在每个参与战争的国家里，民众的精神状态影响到国家的利害关系。在美国政府实施了定额分配计划后，贵族浪费食品的传闻不绝于耳。“谣言诊所”的成立就是为了研究和粉碎谣言。

高尔顿·奥尔波特的哥哥 F. 奥尔波特和一个名叫密尔顿·莱普金（Milton Lepkin）的年轻人为其中一个“谣言诊所”工作。

他们向雪城8所公立学校的学生发放了一张包含12个肯定句的调查表（没有说明这些是谣言，而把这些当作真实事件），学生们把调查问卷带给他们的父母。最后，他们收到500张反馈的调查表。

问卷中提到的谣言关于所谓商品定额分配中的浪费，这些谣言涉及军官、政府和企业。其中一些谣言专门针对某些人。

F. 奥尔波特和密尔顿·莱普金对相信谣言的心理理论感兴趣。他们认为，每个人的个性起着很重要的作用：某些被调查到的人

似乎只是喜欢有趣的故事，这可以使单调的生活变得多彩，如果他们相信故事的话，这会让他们变得开心。而另外一些人则喜欢成为被关注的焦点：给别人讲故事会让他们的自我得到充分的展示，并且拥有众多听众。由于不停地复述同样的事情，最后连他们自己都相信了。

奥尔波特和莱普金同时也强调，一些人相信流言，是因为这样可以简化一些事情，还可以方便地回答各种问题。对未来的恐惧而产生的无尽想象可能同时也是人们相信谣言的一个因素。

因此，那个年代的研究人员认为，谣言的传播只与个人是否相信有关系。因此，这些著名的“谣言诊所”的建立就是为了给大众揭露谣言和普及真相：纠正错误判断的同时，告诉市民不要相信谣言。

在“谣言诊所”成立的前几年，另外一种形式的“实验室”已经存在，即“鼓吹分析研究所”。该研究所建立的目的是科学地分析鼓吹现象并遏制它。同时，在大众传播范畴内，研究的目的在于了解媒体行为影响心甘情愿的目标群体的能力。美国人遏制鼓吹或者抵制谣言的办法，就像我们看到的，“谣言诊所”和“鼓吹分析研究所”起了重要作用。

◆

最初，谣言指的是来自大众的混杂传闻。事实上，在拉丁语中，关于谣言的定义是“短暂传闻、模糊传闻和常见认知”。奥尔波特和波斯特曼认为：“谣言是一种貌似真实的断言，但是无具体数据证明它的准确性。”这个定义建立在三个假设之上：由于缺乏具体的证明，谣言可能朝着相反的方向发展；谣言通常通过口耳相传的方式传播（如今媒体起着决定作用）；谣言只是一时的兴起。在这些定义里，真实或者虚假的概念成为核心内容。这种口耳相传的传播模式是一种反常的社会传播模式，需要与之做斗争。

◆

在学生利奥·波斯特曼的启发下，高尔顿·奥尔波特提出了这样一个问题：从一个人到另一个人，信息是怎样传递的呢？他们认为，人们总是试图解释本来不是很清晰的信息。因此，在扩散过程中，一个传闻被每一个传播者根据自己的理解不停地修改。

为了证明这一点，他们把一幅充满各种细节的画展示给第一个人看，但只能看几秒。接下来，他们把画藏起来，让第一个人给另外一个人描述他所看到的；再接下来，第二个人把他所听到的告诉第三个人，如法炮制到第四个人……通过这种方式，奥尔波特和波斯特曼分析传递过程中的信息，并对最后一个人所获取的信息和初始画面进行了比较。

所描述的画面在52页，在一节地铁车厢里，坐着五个不同的人，中间站着两个人——一个黑人和一个白人。白人手里拿着一把剃刀。在口口相传的过程中，叙述者们都在一定程度上曲解了画面。到第七个人的时候，描述语句已经固定成形了，因为它已经变得相当短，足以机械式地重复。在第四个人之后，似乎语句就开始变得少了：谣言变得简短、清晰并且容易记忆和传播。这也说明，叙述越简洁，它被正确传播的概率就越高。这是因为在大部分的细节（经常成为之后扭曲叙述的缘由）消失之后，语句编辑和想象工作减少，那么叙述的稳定性就会提高。

◆

事实上，奥尔波特和波斯特曼认为，从这个实验中看出，谣言形成的第一步很明显，那就是简化：信息渐渐发展成简单的结构，随后，就变得容易理解和记忆，直至讲述。然而，这种简化不是偶然产生的。在这个过程中，第二步也发挥着作用：强调。在人们口耳交接的信息传递中，一些被保留的部分就变成了叙述里最主要的部分。例如，在上面的画面中，两个站在车厢里的人，在讲述过程中，总是以动态的形式出现。强调指的是所保留的信息，传播谣言者会有选择地复制一些印象深刻的细节（数量有限）。

被奥尔波特和波斯特曼命名的第三步就是同化。前两个步骤可以在这一步里找到根源。在传递和交换过程中，人们根据他们自己的价值观系统、标准和态度，对信息进行增加、修正、遗漏和夸张，使之和自己的认知同化为一。例如，奥尔波特和波斯特曼指出，在常被引用的信息转变的例子中，白人的威胁特征部分被删除了，剃刀从白人手里转到黑人手里的片段也消失了。这两位学者提出了几种不同形式的同化：中心思想的同化（为了增强一致性和逼真性，修改叙述中的细节）、浓缩性的同化（重视细

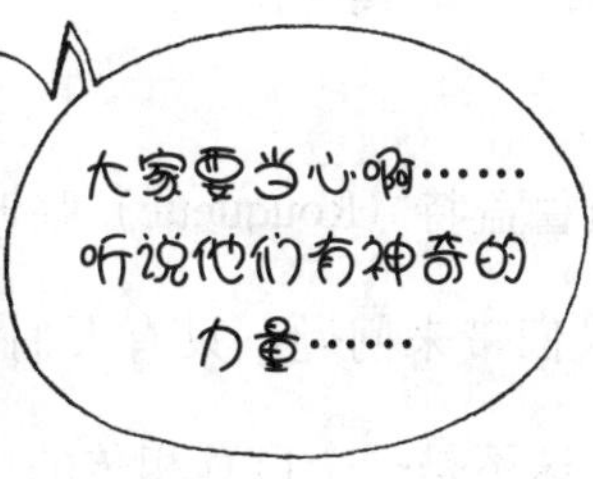

节的综述而非单个叙述）、预测性的同化（内容随着个人的预期而被修改或者引用）。

歪曲信息的这三个步骤完全符合一种运行原理，那就是“巩固”谣言。因为这三个过程使谣言更加稳固和更加持久，因此也就更能扩散。

◆

从这次实验中，奥尔波特和波斯特曼总结出导致谣言扩散的两个主要因素：第一，对传递者和接收者来说，谣言的内容很重要；第二，必须要有一些模棱两可的信息来掩饰事实真相。

他们认为，在以下三种条件下，这两个因素可以被弱化：

- 在一个认为散播谣言是道德败坏的环境里（例如，人民受到监控），人们或多或少倾向于减少谣言传播。然而，如果从传递信息过程中可以获利时，尽管会受到一些惩罚，尽管传播被禁止，某些谣言还是散播开来。

- 在一个异质性的、交流极少的群体中，谣言的传播会碰到社会障碍，因此它的蔓延就很有限。和异质性相反的同质性被认为既是谣言传播的主要原因，也是谣言传播的结果，因为同质性保证了社会规范的传播和普及。

- 如果人们更多地相信自己的判断而非谣言，那么他们的反应就会不同，他们不会相信谣言，更不会散播谣言。

奥尔波特和波斯特曼认为，如果人们能够意识到谣言产生的根源是他们的轻信和盲从，那么他们就会变得更加谨慎，因为他们明白以及可以预感到谣言会带来不好的结果。

◆

然而，法国研究员鲁盖特（Rouquette）强调道，真真假假的谣言，不一定总是给人们带来问题：只有人们认同谣言的时候，它才能够存在和循环。这不是一个口耳相传的简单信息，而是社会前沿思潮的首要表现形式，就像我们在上一章中看到的。

另外，谣言从来都不是“偶然”产生的。它产生于群体，和群体相关。它也不是盲目或者无由头产生的虚假故事，恰恰相反，这对群体来说是一些有意义的漂亮且优美的故事，这些故事在群体内散播，从一定程度上来说，也是这个群体的某种理性表现。

◆

还有大量的谣言产生于一些人们所称之的阴谋论中。它出现在冒险故事、侦探小说或间谍小说，以及一些以密谋或阴谋为核心内容的文学作品中。其中最具有代表性的书籍是美国作家丹·布朗的小说《达芬奇密码》(*The Da Vinci Code*)。但是阴谋的神秘已经超出了文学的范围。在《惊天大骗局》一书中，作者蒂埃里·梅桑（Thierry Meyssan）讲述了2001年发生在美国的“9·11”事件，他把恐怖事件归咎于“军工联合体的恐怖集团”。

密谋或者阴谋的主题都是在社会中自然而然产生的。莫斯科维奇（Moscovici）在2006年举办的会议上指出，阴谋论的说法不存在，“因为荒唐和迷信的存在，阴谋论的级别已经降低”，因此，阴谋论已被重新命名。

由罗曼·波兰斯基导演的电影《怪房客》（*Le Locataire*）在1976年上映。这部电影讲述的是波兰裔青年塔尔科夫斯基搬到新公寓的故事。这间公寓之前的房客跳楼自杀。虽然不知前房客为何跳楼，这位波兰裔青年还是决定入住，并且很快就不得不应对邻居们奇怪的举止和流言蜚语，直到陷入绝境。

而电视中，美国系列剧《绯闻女孩》（*Gossip Girl*）阐释了流言现象。神秘博主（绯闻女孩）讲述日常生活故事，但同时也讲述曼哈顿两所贵族高中的上流社会青少年的最新八卦或绯闻。

4

“我无法相信自己的眼睛！”

社会影响和从众行为

强大的飞碟，
快来帮我们
吧！！！
呜啊！
给我们
战胜敌人的
力量吧！！！
呜啊！
呜啊！
Tchic
Tchic
嗒嗒
嗒嗒
?

1951年，美国宾夕法尼亚州斯沃斯莫尔镇的斯沃斯莫尔学院。

我是倒数第二个进入教室的人，这里正在进行一个心理学实验，是关于视觉感知的实验。一共7个参与者。任务貌似很简单。

阿希（Asch）先生是我的心理学老师。我很喜欢他的波兰口音。在他的最后一节课上，他招募我们来参加这个视觉实验。

我们7个坐在桌子周围，对面的阿希先生展示了一些卡片。在这些卡片上，一边是一条范例直线，另外一边则是长度不一的三条直线，分别用A、B和C表示。我们只需估算几条直线的长度就可以了。每个人按座位顺序一个接一个地回答问题，并且高声说出和左边范例直线长度相同的一条右边直线。

这真的很简单。从某种程度上来说，甚至简单得搞笑。因为刚才，所有人都搞错了。直线A明显是最短的，但是所有人却都给出了另外一个答案。然而，这是多么显而易见啊！瞧，又是一个简单的实验。我可以立马给出答案：C。很可惜阿希先生不进行速度方面的测试，否则我确信每次我都会赢。我对这些小实验有点感到厌烦了，但是每次我都不得不耐心等待回答。

快，斯坦利，给出你的答案！他为什么犹豫呢？他给出的答案是"B"。怎么会是B呢？他好奇怪啊。"B"，"B"，"B"，糟糕，所有人都给出了同样的答案。我无法相信自己的眼睛！某些人回答得非常肯定。也许是我座位的地方不对？或者是角度的问题？对，应该是这样子的，他们就坐在卡片对面，轮到我给出答案了，嗯，B？

◆

所罗门·阿希（Solomon Asch）在1907年出生于俄罗斯帝国统治下的华沙，1920年移民到美国。在职业初期，他对性格的印象形成进行了研究。他指出，从极少的信息和几个性格特征出发，我们就可以在一瞬间形成对这个人的整体印象。

如果有人告诉您阿希是个"聪明、机智、勤奋、热情、果断、实干和谨慎"的人，您脑海中肯定浮现出这样一个科学家的形象，即"完成实验；尽管遭到失败，但依然不屈不挠；对造福于众的事情总是充满了热情"。您在脑海中勾勒出一个正面形象。

相反，如果有人告诉您所罗门·阿希是个"聪明、机智、勤奋、冰冷、果断、实干和谨慎"的人，您脑海中会产生同样一个形象吗？当您看到阿希时，很可能会对他有种负面的判断，他就像是一个“蔑视别人，觉得他的成功和聪慧与一般人不一样”的人。两者之间唯一的区别是什么呢？是词汇“热情”和“冰冷”的不同。阿希曾在一次实验中证明，每个词汇只有在与其他词汇构成的情景里才有意义。

20世纪50年代初，令阿希感兴趣的是穆扎费尔·谢里夫的标准化实验结果。他觉得实验结果似乎很有意思，但

是他对所使用的道具有所怀疑。因为事实上，光点的自动移动效果不能保证答案的正确性。原因是这样的：这只是一个光错觉现象！在答案出来之前，我们怎么能够保证参与者没有参考组内其他成员的意见？我们先来讲一个小故事，然后再来回答这个问题。

◆

三人成虎（中国谚语）。

故事发生在公元前五世纪。战国七雄在公元前221年被秦王朝统一。

晋国，山西境内的三个强国之一，后被分成三个王国：魏国、韩国和赵国。三国之间连年征战，直到魏国和赵国决定结成同盟。魏国大臣庞葱担任出访赵国的使节。临行前，他拜见了魏王。

他说："大王，现在有一个人跑来向您禀报街市上出现了一只老虎，您相信吗?"魏王给出了否定的答案。他继续说："如果有第二个人跑来向您禀报他看到了老虎，这时您会相信他吗?"魏王还是给出了否定的答案。他又说："如果有第三个人要求拜见大王，并且说他也看到了老虎，您会相信他吗?"魏王犹豫了，并且承认他会相信。

这就是"三人成虎"的典故。

◆

因此阿希想要重新复制谢里夫的实验，但他不会采用模糊的道具。当答案非常明显时，会发生什么现象呢？

当人们认为这是个错误答案时，他们会服从大多数人还是坚持自己的主张、自己的判断？为了得出结论，阿希将进行一系列的实验并选择了一个不可能得出模棱两可答案的情景，个人的判断会受到大多数人错误判断的影响吗？

要完成的实验任务是关于人类视觉感知方面的。这个研究要求参与者对一些长短不同的线和参考线进行比较，并指出 A、B、C 三条线中，哪条线和范例直线长短一样。答案一目了然，毫不模糊，每个人都能清楚地用肉眼看出正确的答案。

除了所使用的道具不一样，整个实验像极了谢里夫的标准化实验。然而，令阿希感兴趣的却是实验中大多数人带给个人的影响和压力。事实上，只有一个组内成员让阿希关注：那就是坐在倒数第二个位子上的成员。我们把这位参与者称为“无知”，我们希望对他的行为进行研究。因为其他参与者都相互认识，他们代表了大多数人，而错误或者正确的答案在实验开始之前就已经告

诉了他们。

◆

社会心理学的特殊性在于，经常要借助于谎言和假被试（所谓的“托儿”）。在这个视觉感知的实验里，“无知”的参与者以为其他成员和他一样。然而，其他人都在扮演角色，是实验员的同谋。他们也是实验的一部分，并且都已经提前安排好了，除了“无知”的参与者。当然，因为他才是研究的对象。

社会心理学从概念上讲，研究的就是社会互动，有时不得不借助谎言和“托儿”。试想一下，你被邀请参加一个测试从众行为的研究，并且被要求表现得和大多数人一样，你还会表现得很自然吗？很大程度上当然不会。谎言有助于近距离观察最自然的状态。当然，在所有实验结束后，所有的参与者都会被告知谜底。

◆

参与阿希实验的成员看到了 18 张卡片。因此，他们应该估算

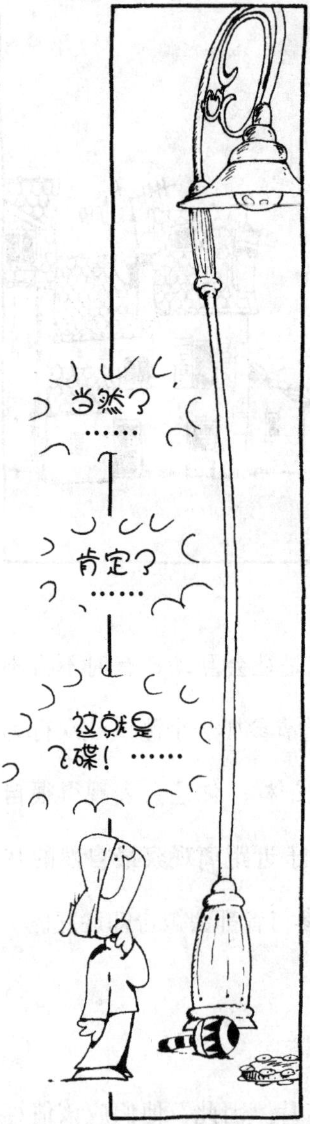

18 次。为了保证答案的简单化，阿希先做了第一组实验，也就是每个人以匿名的方式单独手写出答案。37 个“无知”参与者，每人都给出 18 个答案，结果只有 3 个答案是错误的。这也就说明了阿希实验所采取的模式是清晰明了的。

在 18 个实验里，“托儿”就 6 个实验给出正确答案，而对剩下的 12 个实验全体给出错误答案。最后，实验员归纳“无知”参与者的错误答案数量。错误越多的话，受到大众影响的程度则越深。

结果，阿希得到了 32% 的错误率。另外，有大约 1/3 的“无知”参与者给出的答案和大多数的荒唐答案完全一样。还有，近 3/4 的“无知”参与者至少有一次受到大众影响。

结果令人惊愕不已。尽管答案如此荒唐，但还是有3/4的人至少有一次听从了大众的意见。

◆

如果所有的“托儿”给出的答案都不一样会怎样呢？因为在阿希的第一组实验里，大多数的人都给出了同样的答案。在这种状况下，公众压力当然会更大一些。

因此，阿希要求第四个“托儿”说出正确答案。那么，尽管其他“托儿”还是异口同声地说出错误答案，但“无知”参与者已经不再孤立无援了。在这种状况下，从众率由37%降到了5%。

面对大多数人的答案，是否孤立变成了影响从众效应的关键因

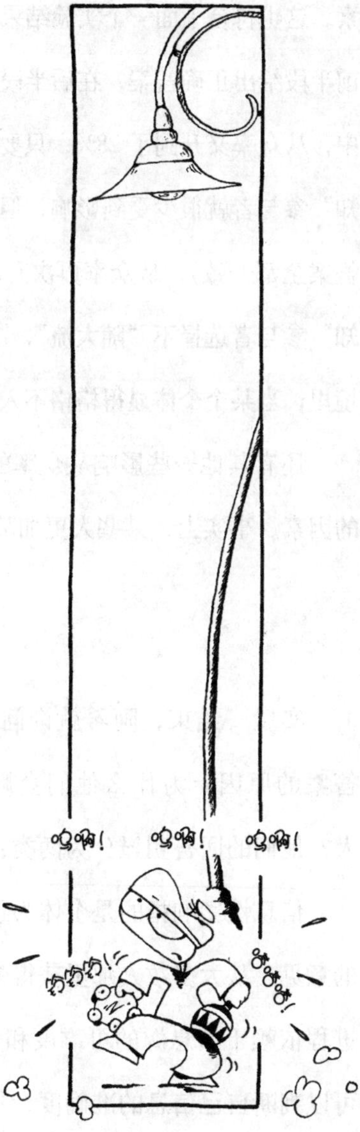

素。这也符合下面一个实验结果。那就是其中一个“托儿”在实验的前半段给出正确答案，在后半段给出错误答案，那么在后半段的实验中，从众率又升到了 28%。只要有其他人的帮助（不同的回答），“无知”参与者就很少受到影响，但是如果没有他人帮助的话（其他人的答案全都一致），从众率再次升高。注意，在这个实验里，如果“无知”参与者选择不“随大流”，“托儿”不会有所反应。然而在现实环境里，当某个个体显得格格不入时，大多数成员都会有所回应。

还有其他一些影响从众率的因素，尤其是和个体性格特征相关的因素。事实上，某些人更加从众，而另外一些人则拒绝从众。

◆

实验一结束，阿希就询问了“无知”参与者，了解他们给出答案的原因。为什么他们会顺从以及为什么他们要追随大多数人？他们的回答明显分为两类：受到信息的影响和规范的影响。

信息性影响指的是个体为了形成对现实的正确理解而听从他人的意见。从大多数人那里获得的信息被认为是真相的证据。从众的进程依赖于信息源的可靠度和信息的可信度。依据其他人的信息，可以判断自己信息的准确度，从而打消疑虑。信息性影响之所以带来从众压力，是因为能从其他人那里获得我们没有的知识。

规范性影响指的是对社会认可的一种追求。当个体听从了大多数人的意见，就会避免在群体中的格格不入，从而被组内其他成员认同，那么规范性影响就产生了。个体从众的其中一个原因就是如果违犯了群内规范，就会受到组内其他成员某种形式的惩罚。

◆

这两种不同类型的原因在不同的层面上产生的影响也不一样。和阿希的实验不一样，多伊奇（Deutsch）和杰勒德（Gerard）引入了新的因素，他们认为，当“无知”参与者写出答案时，从众现象就会减少很多。如果一个人跟随大众，是因为他想得到群体内成员的接受（规范影响），那么就要改变他的行为表现，但是会保留他自己的内心想法。当范例直线在回答完消失时，正确答案率就高；当范例直线在回答之时消失，正确答案率就低。另外，在模糊场景里，答案越是模棱两可，个体就越需要信息，那么结果就是更多地听从其他人的答案（信息影响的介入）。在这种情况下，个人同时也会自己改变意见。因此，我们要对公开从众和私下的接纳进行区分。

◆

最终，从众现象有三种不同的过程：

• 顺从：根源来自于强大的压力，个体寻求社会认可或者避免报复。因此，个体会表现出被公众接受的行为，但其实内心并非赞同这种行为。这种形式的影响是短暂的。只要社会压力带来惩罚或者重视其他人对自己的惩罚，这种影响就一直持续。

• 同化：个体希望表现出和群体内其他人一样的特征。同一化的影响要比顺从的影响更加持久，并且不管在公众层面还是个人层面，都有所表现。只要个体希望成为群体内一员或者和群体内某些成员打成一片，这种形式的从众就会一直持续下去。但是当群体不再重视该个体时，该从众模式也会停止。

• 内化：个体会追随大众，不是因为他们希望融合到群体内或者害怕被抛弃，而是因为他们深深坚信自己的观点。这种形式的影响，不管是在公开层面还是个人层面，都深远而且持久。

◆

当个体服从社会压力，表现出和群体内成员一样的行为和一样的态度时，这就是从众或者趋同。这种大众影响在当今社会经常被认为有负面影响，一个屈从大众的个体会被认为是一个容易受影响或者无力维护自己观点的人。然而，只有当大部分人遵守和服从共同的规则时，一个社会、组织和协会才能存在和运转。因此，从众现象对一个群体的存在和形成群体凝聚力是至关重要的。

美国连续剧《单身毒妈》（*Weeds*）讲述的是一位家庭妇女，在丈夫意外死亡之后，决定向邻居们卖大麻，以此来养活一家三口。每集的片头字幕都会出现“Agrestic”的字样，这是一个虚构的加利福尼亚近郊城市，故事都发生在这里：这里的房屋都是一样的，居民有着同样的兴趣爱好、同样的车，早上在同一个时间出发，采购同样的货物……片头歌曲 *Little Boxes* 着重刻画了美国式的从众画面，歌手马尔维娜·雷诺兹（Malvina Reynolds）戏谑地模仿了美国郊区的建设过程，并讽刺了贵族的从众行为。

5

“你很无能！”

社会分类效应

1954 年，美国俄克拉荷马州的罗伯斯洞穴公园（Robbers Cave State Park）。

我们正和小伙伴在强盗洞穴里。童子军首领要我们在半个小时内做出决定。

四天前来到这个夏令营，我一个人也不认识。这是我父母的决定。因为我被分到了老鹰队，所以很开心。我们是最厉害的。不管怎样，响尾蛇队是最无能的！仅从名字上看，"响尾蛇"就是一个愚蠢的名字。他们队里的每个人都一样，没有一个人能抓住我们队里的人。

昨天在踢足球的时候，我们赢了他们！噢！耶！今天晚上他们试图进行报复，但是我们才不会让他们得逞呢。我们可是无敌的老鹰队啊！我们已经到他们的寝室里偷了点东西。那就是他们的旗子，然后我们把旗子插到了厕所上面。

但是现在我们都被困在了洞穴里，我们必须要达成一致。因为从早上开始，夏令营里就没水了。穆扎费尔·谢里夫——童子军首领——给我们解释道由于今早通水管道炸裂，夏令营里不再有水了。唯一的解决办法就是修贮中央蓄水池，但是这需要我们所有人用水桶工作，并且我们还要和响尾蛇队一起工作。

◆

“冷战”时代的20世纪50年代初期，一支美国科研小组对群组间的冲突与和解产生了兴趣。他们认为，通过群组合作的方式，群间成员就能消除已有的偏见。

穆扎费尔·谢里夫，正如之前我们已经介绍过的，是一位土耳其裔的美国社会心理学家。20世纪30年代，他做了一系列群体规范形成的实验。

从某种程度上来说，本次的研究课题来自于谢里夫指导的博士生 J.O. 哈维（J.O. Harvey）要撰写的论文。他的论文题目是《通过判断指数研究非正式组群之间好坏关系的实验调查》。

一系列的研究在 1949—1954 年间展开。这个研究隶属于俄克拉荷马州大学“群组间关系”的研究项目框架，受到耶鲁大学项目“改变态度”和美国犹太人委员会的赞助，还受到洛克菲勒基金会的资助。

除了哈维，还有杰克·怀特（Jack White）、威廉·R. 胡德（William R.Hood）和谢里夫的妻子卡罗琳，他们都一起投入到这

项研究工作中来。谢里夫和他的同事们将在俄克拉荷马州生态公园的自然环境中——罗伯斯洞穴公园进行这项实验。这个实验在科学著作里被称为"罗伯斯山洞实验"（或者"强盗洞穴实验"），它在青少年的露营地展开。实验要求两组青少年在孤立的地方生活三个星期，而他们并不知道自己是研究的对象。实验分为三个步骤。

少年们一到夏令营，就立刻被分为两组，即两个团队。这种分组是随机的。谢里夫和他的同事们非常在意少年之间是否认识，幸好他们之间彼此都不认识。两组分别被命名为"老鹰"和"响尾蛇"。在刚开始的几天，每组分别进行有意义的活动（露营、游戏、划船等），以此促进组内成员之间的合作。

第二个步骤就是在两组之间

制造冲突。为了研究如何降低冲突和群组间敌意，首先就需要制造冲突。研究人员们也需要保证最大限度地控制人为制造的冲突。

当然从伦理上来说，这个实验是有所争议的，并且在当今的美国，该实验几乎不可能完成。但是在那个年代，谢里夫和他的同事们（和很多二战之前或之中从欧洲移民到美国的人类科学家和社会科学家一样）心怀乐观，认为如果应用他们从实验中得出的科学结果，那就有可能终结世界战争。

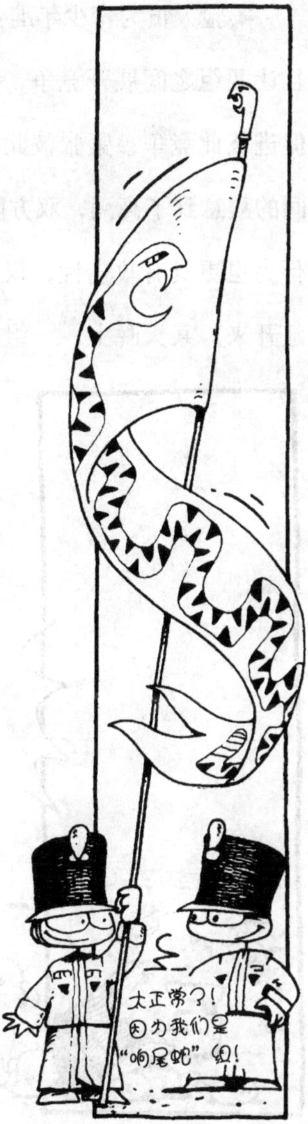

我们多么帅啊！我们多么高大啊！我们多么强大啊！不是吗？
太正常了！因为我们是“响尾蛇”组！

实验人员为青少年准备了一系列的比赛（篮球、足球等），并且让两组之间展开竞争。每次只能有一组赢得胜利，目的是为了促进彼此竞争，紧张彼此关系。这一步骤持续了几天后，两队之间的敌意到了高潮，双方队员对彼此本就有的坏印象进一步升级，行为也更具有攻击性。双方队员给彼此都起了绰号，侮辱很快蔓延开来。某天晚上，一组队员弄乱了另一组队员的宿舍！露营地的管理人员不得不对双方的报复行为采取一些措施。谢里夫和他的同事们记录了因群组间冲突而产生的两种

效应。

首先，冲突促进了群体内的团结，即在每组内部产生了“我们不得不联合起来面对竞争对手”“团结起来，我们就是最厉害的”等想法。其次，冲突同时也扩大了群组间的差异性，即两队都认为“我们真的和他们不一样”——言下之意，我们比他们更好——对竞赛动机持有错误的认识，对另一组成员持有错误的认知。

对谢里夫和他的同事们来说，第三步是决定性的一步。那就是，一旦冲突产生，就要试图减少或者使冲突消失。现在，青少年们已经彼此讨厌。那么怎么做才能使他们和好，尤其是使他们彼此消除此前产生的偏见呢？

谢里夫认为，唯一减少偏见和消除冲突的办法就是合作，只需找到一个促使双方合作的方法。当然，说起来简单，做起来难。接下来，谢里夫的实验团队找到了一个办法。他们把露营地的水供给切断，但是对两组成员宣称是因为技术问题而导致缺水状况。继续能够使用水（洗澡、玩耍和饮用）的办法就是修贮露营地的大蓄水池，并且没有管道能够输送水。因此，青少年们需要团结合作才能找到一个办法，尤其是怎样搬运水桶和怎样修贮蓄水池。

谢里夫认为，不管你属于哪个阵营，只要为了实现最高利益目标，就能够实现合作。

在开展了一系列朝着最高利益目标方向努力的合作活动（而非敌意活动）之后，原有的坏印象和偏见逐渐减少了。谢里夫成功验证了当初的假设！实践和实验室实验给出了同样的结果。根据谢里夫 20 世纪 60 年代总结出的现实冲突理论，个人和群体都是理性的参与者，他们的行为动机受到最大利益的驱使。群组间冲突和群组间客观关系有着密切的联系。如果他们是竞争关系，

那么冲突无法避免。只有建立合作关系时，冲突才能避免和消失。国家间冲突不断，是因为它们存在竞争。

◆

如何减少和消除群组间敌意，除了为了最高利益目标而形成的合作，谢里夫和他的同事们同时意识到类别的重要性：两组少年彼此不认识，是因为他们所在的组不一样，他们一开始就用一种不同的方式看待另外一个组。

我们每个人都有把东西按照其特点分类和收集的自然属性，MP3按照艺术家或者音乐类型整理、照片按照年份或者事件归档、T恤衫和裤子分开收纳、水果和蔬菜分开摆放等。在其他学科里（医学、地理、历史和心理病理学），我们也能找到这种自然习性。对于个体而言也是如此：根据各种特征来进行分类。这些特征可以是直接看得见的、生来就带有的标准（性别、年龄、肤色）或者其他标准（穿着方式、职业），也可以是无法直接观察到的标准（宗教、党派）。根据他们的特征，我们把个体的分类叫做社会分类。

将信息归类是处理信息最基本的原则。我们处理信息的能力，尤其是记忆能力（记忆概念、思考、解决问题，这和用来储存信息和回忆的长期记忆相反）是非常有限的。有限的处理能力会导致各种结果，并且这些结果会影响我们的各种活动。

◆

最主要的问题是我们无法处理某个人的所有信息，这也正是我们研究的兴趣点所在。为了能够处理围绕在我们周围的海量信息，我们的认知系统已经适应并根据认知经济原理运行。另一方面，从某种程度上来说，我们拥有的系统和策略也能弥补能力的不足。

社会分类自然有它的好处。对个体进行归类有利于信息的处理：无需处理所有和个体相关的信息，只需要把这个个体归类到某个类别，然后把他的信息和类别联系起来就可以了。只要知道另外一个人是老鹰队的，那么我就能知道他会做什么事情、他会怎样表现以及他在想什么（我是老鹰队的，那么我就和他一样；或者我是响尾蛇队的，那么我和他就不一样）。同时社会分类对个体所在环境也有着重要意义，它为环境提供了前瞻性指导。因此，在面对某个社会类别成员时，我们能够快速形成对他的第一印象、对不能直接观察到的方面做出自己的判断、对其行为模式做出自己的预见，或者和这一类的其他成员打交道时，知道怎样调整自己的行为。例如，假如你曾经和一位老人发生过摩擦，他看不惯你眉头上的穿孔，所以用拐杖打了你。那么毫无疑问，你下次遇到老人时，就

要小心了，如果是和一位老人有约，那你就不要戴着眉钉去赴约，或者干脆不去赴约。

◆

因此，社会分类这种体系非常适合当今的社会，从很少的信息（只有几个特征）和有限的认知资源出发，我们就能预见这个群体成员的行为、知晓其特征（如人格特征）、对他作出判断，甚至以此来调整我们自己的行为。简而言之，当个体归属于某一群体后，在推理和总结他是怎样一个人时，社会分类有助于节省时间、精力和能量。如果说社会分类有这么多必然的好处，那也不是说没有缺陷的。尤其是，伴随着分类产生的两种现象使我们对差异的认知发生了偏离，形成了错误的判断。

◆

分类系统（社会或者非社会）的确存在着两种认知偏差。第

一种叫做对比效应，指的是过高地估算了两个类别之间的差异（我们本就认为两个分子是不同的，更何况他们属于不同的类别）。第二种叫做同质效应，指的是过高估算了属于同一个群体的分子的相似性（因为两个分子属于同一个类别——当然，这同时也适用于人——我们觉得同一群体内的人比分属两个群体的人更相似）。世界上只有“我们”和“他们”，这种趋势不仅使我们对另一群体的认知有所偏斜，还对我们自己群体的认知也有偏差。我们群体内的成员会夸大和群体内其他人的差异，因为觉得自己是

唯一的，这就是我们所说的差异现象。相反，这个群体的成员也会夸大另一个群体成员的相似性。

我们自认为，我们群体内（内群）成员的差异要大于另外一个群体（外群）的成员。因此，自己所在的类别要比对方的类别更加多样化。用更加通俗的方式来讲就是“我们彼此不同，而他们都一样”。

因此，我们——本书的读者——之间各不相同，而没有读这本书的人，他们都一样。需要注意的是，外群的同质效应产生的原因是：和另一群体的成员相比，我们群体内的成员彼此之间更加相熟、联系更加频繁以及沟通更加密切。因此，我们很容易看出家庭成员或者亲人，甚至同事之间的区别。相反，对于那些和我们联系或者接触比较少，甚至从无交往的人，他们都是一样的。

◆

亨利·泰弗尔（Henri Tajfel）是一位波兰裔的英国社会心理学家，他试图总结出产生偏差的必要条件和充分条件。他试着提出，只要随意把个体进行分类，即使没有任何目标，即使群体之间或者个体之间没有任何关系，被分类的组间也会出现歧视行为。

接下来的这个实验在没有社会、历史和经济因素干扰的情景下展开，因为一般认为，社会、历史和经济都是产生歧视的原因。参与者是同一所学校的学生，彼此相熟。他们首先要完成一个视觉认知任务。我们告诉他们，根据任务成绩，他们会被分为两组："高估"的一组和"低估"的一组。实际上，分组是非常偶然的，每个人被分别通知他们所属的组群或者类别。没有人知道这些学生所属的类别。

实验继续进行，接下来就要做出决定了。只有两名参与实验的学生能获得酬金，那这两名学生是谁呢？也许他们属于同一组，也许属于不同的组，研究员并没有明确指出。但是关于酬金的数额，学生们可以做出决定。学生们在一个列满了各种不同指标的表格上做标记，两组人一起决定这两名学生的酬金。

亨利·泰弗尔成功地证明，在学生的决定过程中，已经出现了歧视和偏护。那么只需简单分类这样一个必要条件，就能制造出群间的歧视行为和群内的偏袒行为。不管实验对象是孩子还是成人、男人还是女人，通过在各个国家做过的大量实验，我们都得出同样一个结果：只要把人们分属于不同的社会类别，就会产生偏颇观点和歧视行为。

1968 年，马丁·路德·金（Martin Luther King）被刺杀后，美国艾奥瓦州（Iowa）的一个小城市的小学老师简·艾略特（Jane Elliott），想要给学生们讲解什么是歧视。与其给他们上课讲述理论知识，还不如借助情景游戏让学生们感受一下真实的歧视。根据眼睛颜色的不同，她把学生们分成两组。首先，假设那些蓝眼睛的孩子比较聪明，而棕色眼睛的孩子智商一般。很快，蓝眼睛的孩子们就开始谴责和骚扰棕色眼睛的孩子们，而棕色眼睛的孩子们很快也对自己失去了信心。接着，简·艾略特告诉学生，她弄错了。事实正好相反：棕色眼睛的孩子们要比蓝色眼睛的孩子们聪明。角色立马反过来。她的学生们因此真实而具体地感受到因任意一个标准而产生的歧视。实验过程被拍摄之后，引起了公愤。

6

“这是世界末日！”

信仰和认知失调

砰！
砰！
好！
大家一起来，干掉这个可恶的飞碟！

1954 年，盐湖城（犹他）。

玛丽安·基奇（Marian Keech）向我们保证，12 月 21 日克拉里翁星球的兄弟将会把我们接走。这一定会发生：大洪水将侵袭地球，而我们将被救走。我们已经有好多天勉强睁开眼看着这世界。昨天我打了一天的电话，希望能够说服其他人加入我们，在还没有太晚之前加入我们的队伍。

玛丽安告诉我们，他们会在午夜之前和我们联系。根据最新指示，我们要摘掉所有的金属物件。只需等待几个小时而已。

午夜来临。为什么什么都没发生？飞碟在哪里？玛丽安？玛丽安？为什么我们还不走？到底发生了什么？再等待一会儿。看，时钟已经指向 23 点 55 分，只有 5 分钟了。我们集合在一起吧，我的朋友们，我们将被救起。

这又是社会心理学家编造的一个虚幻故事？不是，这是真真实实的故事。社会心理学家也参与了本次事件。

◆

从某种程度上来说，所有的故事都起始于 20 世纪 30 年代的印度。1934 年 1 月 15 日，印度比哈尔邦发生了 8.1 级地震，有 1 万多人受难。随之而来的一系列谣言声称，余震将更加厉害也更有杀伤力。虽然什么也没有发生，但是谣言继续扩散。

这个谣言扩散的原因究竟是什么？一个美国研究小组就此展开研究。受到福特基金会的资助，本次研究扩大了研究范围，就沟通和大众媒体的作用展开了研究。此研究项目也一直密切关注我们在第 2 章中提到的事件。

科学小组由利昂 · 费斯廷格（Leon Festinger）带领。那个年代，他们假设：个体寻求一种他们认为的“认知平衡”。换句话说，他们所有的想法和其行为应该保持一致。当这种平衡被打破后，个体就不得不面对一个紧张的状态、彼此矛盾的思想或者矛盾的思想和行为，如一个人做了一些并不符合他信仰的事情。对个体而言，这种紧张的状态并不愉悦，那么为了重新获得平衡状态和整体的统一，人们会做一些调整。

地震之后，比哈尔邦的居民感觉与世隔绝。在无法和世界其他国家沟通的情况下，也为了获得与他们处境相关和潜在余震的信息，他们开始自己制造信息——谣言——只是为了体现他们对周围环境和世界的掌控。

值得注意的是，谣言的产生不是偶然现象，而是有它自己的逻辑（见第12章），并且还有其特殊的作用：比哈尔邦居民得到了心安，并且在面对不确定的处境和未来时，他们重新找到了“平衡状态”。

◆

利昂·费斯廷格在1919年出生于纽约。他负责带领这支研究小组。根据引用分析，被引用最多的七大英国社会心理学著作中，在25位社会心理学家里，费斯廷格排名第三位。围绕1725位美国心理学家，根据一项“谁是20世纪最伟大的心理学家”的调

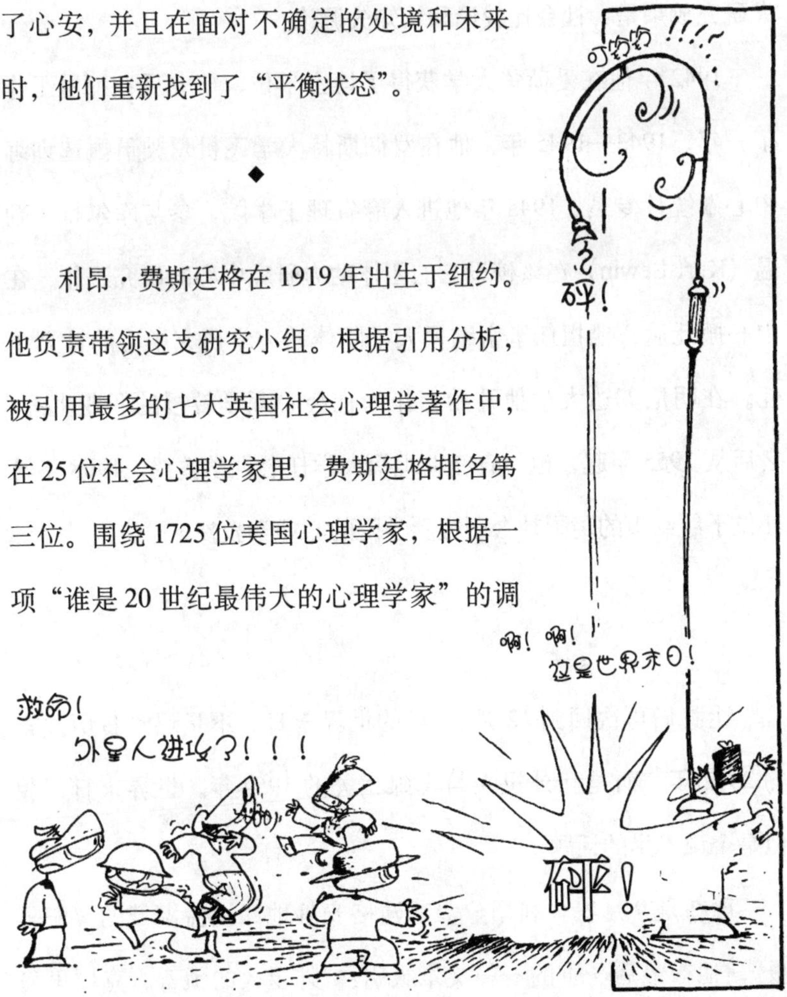

查，费斯廷格排名第五，位于让·皮亚杰（Jean Piaget）和弗洛伊德（Sigmund Freud）之后。利昂·费斯廷格在社会心理学上的两大研究成果是：社会比较论和认知失调论。

1942 年他在爱荷华大学获得了博士学位，毕业后在那里工作了一年。1943—1945 年，他在罗彻斯特大学飞机驾驶员甄选训练中心做统计专员。1945 年他进入麻省理工学院，参与库尔特·勒温（Kurt Lewin）在该校设立的团体动力研究中心的研究工作。在中心搬迁后，他担任了密歇根大学团体动力学研究中心的计划主任。在明尼苏达大学他开始了作为社会心理学教授的职业生涯，之后从 1955 年起，他一直在斯坦福大学任心理学教授，1968 年转任位于纽约市的美国社会研究新学院的心理学教授。

◆

让我们再次回到 12 月 21 日的世界末日。不是玛雅日历预言的 2012 年，而是和外星人与飞碟相关的 1954 年。世界末日，貌似是个说不尽的话题。

现在是 9 月底。利昂·费斯廷格安静地阅读盐湖城的《先驱报》，他被最后一页的一篇文章吸引：“外星人的预言。克拉里翁星球召唤盐湖城：快逃避 12 月 21 日发生的洪水，这是太空对我们地球同胞的建议。”

之后文章又描述了世界末日的景象。而这一景象在玛丽安·基奇于幻象出现时所完成的《自动书写》中早已预言。从克拉里翁星球传来的大量信息警示人们即将到来的洪灾。玛丽安被“任命为学习和传递这些高级生物的教导”。

利昂·费斯廷格认为这对他刚刚开始的研究和实践理论来说，是一个绝妙且真实的机会。

◆

在之前的章节中，我们提到，在实验的客观认知方面，社会心理学研究者经常遇到困难。在研究权威下的从众和顺从时，他们不得不对实验参与者撒谎。

在研究某些事件的发展动态时，欺骗和谎言有时候是必要的。但是对于某些研究，是几乎不可能的，因为有悖道德规范。但是现在，这个真实的事件有时比虚构的还要夸张。

第 2 章中提到，奥森·威尔斯在广播中散播了谣言和虚假信息，哈德利·坎特里尔和他的社会心理学团队“利用”该事件对电台影响和恐慌进行了研究。

这里，为了研究虔诚的教派成员的行为，费斯廷格和他的小组潜入了这个预言了世界末日的教派内部。于是，他们“利用”了这个无法在实验室里人为模拟的千载难逢的机会。但是，他们的观察可能也会受到教派影响而产生一些问题。

◆

费斯廷格、里肯（Riecken）和沙赫特（Schachter）组成小队，进入这个教派，了解它的运作方式，尤其是研究 12 月 21 日晚上人们的反应。

这个教派由两个人领导：一个男人，阿姆斯特朗博士（Dr Armstrong）；一个女人，玛丽安·基奇，她曾是教派的中心人物，也是“那边”的信息接收者，用自动书写法把信息抄写出来。是她宣布，12 月 21 日将会发生大洪水和吞没。只有教派信徒才能被外星人救走。

教派成员被要求，在参加公共集会的时候和他们周围的人切断联系。另外，为了表示虔诚，一些成员需要辞职，或者在财力上资助教会。

在预期的日子来临时，当然没有大洪水，也没有外星人出现。教派人士精神沮丧，但是费斯廷格和他的同事们见证了以下两件不可思议的事情的发生。

首先，玛丽安·基奇收到了自称来自外星人的信息，解释了世界末日没有到来的原因：教派信徒无与伦比的忠诚拯救了地球。接着，她又收到了第二个指令，通知媒体发布刚刚发生的事情和发展新信徒的信息，目的是加强教派内成员之间的团结。

是什么让信徒们从失望变为欣喜，再到彻底改变观点的呢？

我们本来以为，当预言没有实现时，他们会“睁开眼睛”或者离开教派。但是相反，他们一点也没有表现出忧心，没有到来的世界末日反而加强了一些成员之间的关系，并且他们还想要继续扩大教派的影响力。当所信奉的事情被证明没有发生时，他们需要理性对待并且找到合理解释。因为不能质疑他们的信仰（这本可以否定近几个月或近几年他们为教派做的所有事情），某些教派成员于是选择更加坚定自己的信念。

◆

几年之后费斯廷格和他的同事们发表了本次研究（用法语撰写的《预言的失败》由法国大学出版社出版）的成果。研究列出个体坚持信仰的五个必要条件：信仰和内心深处的信念保持一致，并且和个体的行为紧密关联；个体完全奉献和投身于其信仰（如辞职和为教会免费工作）；信仰要相当精准，并且和真实世界有紧密关联；这些事实要被成员认可；最后还需要有社会支持。

◆

人们认为在几个认知之间或者在不同的观点之间，存在相容

性，例如心理的一种最佳状态，费斯廷格感兴趣的则是达不到最佳状态的情况。怎样描述这种状态呢？费斯廷格称之为“失调”。当新认知与人们精神世界已有的根深蒂固的认知相违背时，就产生了失调。

不一致性导致紧张状态的产生，也就是失调的产生。费斯廷格不排除对生理失调的研究，这和由饥饿或者饥渴引起的失调是一样的。同样的道理，一个口渴的人努力止渴，一个认知失调的人也寻找办法来减少失衡。为了避免不一致性的升级，认知失调的人积极寻求使之内心平衡的信息。这个假设直接来自于这样一个原理，即认知失调和动机状态是相称的：个体动机有意识或无意识地被调动来减少这种紧张状态，即这种心理

不适。

大多数关于失调的研究停留在强迫服从阶段。也就是说，实验者要求个体服从一个违背自己态度或信仰的要求（个体自由行为和其价值系统相反）。

协调和失调的概念是相对于认知系统定义的。理论基础的单位是认知，认知的定义非常宽泛：价值、信仰和态度等。费斯廷格主要依据和认知相关的行为和环境数据来区分它们。在认同勒温的观点的同时，他还强调，要参考和认知相关的物质现实或者社会现实来进行区别。他猜想，存在于个体身上的现实主义的倾向，会要求认知符合这个或者另一个指令。

不一致的定义相当宽泛。如果没有其他明确信息的话，直觉在定义不一致关系上起主导作用。然而，在实践中，研究者们一般会把个体故意放置于一个极度矛盾的情景下进行研究。

最传统的减轻失衡的办法是改变态度（我们试着统一想法、信念和我们刚做过的事情）。这就是我们称之的认知合理。这种改变阐释了个体后天的服从行为。

◆

几年之后，利昂·费斯廷格和詹姆斯·卡尔史密斯（James Carlsmith）进行了一项合理认知的实验。学生们要在一小时内完成一项无聊的特殊任务，即把线圈挪到一个平台上，然后把48个线圈朝着同一个方向转动四分之一圈，接下来再把这些线圈挪到

起始点。以助手不够为借口，实验者要求参与者把这个实验介绍给下一个学生，并给予酬金。但一定要以非常积极的方式介绍这份工作，并且告诉他工作是多么有趣和有意义。当然，这都是些谎言!

事后，第一组学生获得多一点的酬金（20 美元)，第二组学生获得少一点的酬金（1 美元)。另一名实验者发给学生们一份问卷，目的是了解他们对第一个无聊任务的真实态度。而对费斯廷格和卡尔史密斯来说，他们想测试的是不同酬金带来的效果。而第三组“控制”组的学生则直接回答了问卷调查，也就是说，这一组学生不需要把这个任务介绍给下面一个学生。

结果表明，酬金越少的学生（在介绍这个“有趣”的实验时，只是简单说明而已)，在无聊的任务面前，越是改变了他们的态度。他们最终认为工作是有趣的，很简单，他们只是将态度和行为统一起来了。

电影导演从世界末日中获得了灵感。在迈克尔·贝(Michael Bay)导演的电影《绝世天劫》(*Armageddon*，1998)中，布鲁斯·威利斯(Bruce Willis)在天文学家的帮助下，拯救了地球。由罗兰·艾默里奇(Roland Emmerich)导演的影片《后天》(*The Day after Tomorrow*，2004)完美地展现了特技效果。罗兰·艾默里奇的另外一部科幻灾难片在2009年上映，片名叫做《2012》(*Farewell Atantis*)。这个名字当然对应了玛雅日历中2012年12月21日的灾难。又是一个12月21日……

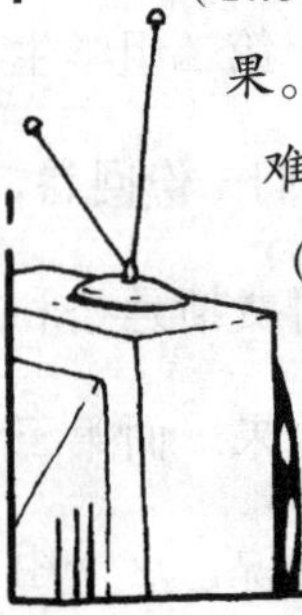

7

“请继续……”

权力服从

1960 年，美国康涅狄格州纽黑文市的耶鲁大学。

“我在这里做什么？我是不是该停下来。”

三天以前，在读报纸的时候，我看到了一条有趣的新闻，有人在招聘带薪志愿者，目的是为了对学习行为进行研究。

现在，我到大学已经有一个小时了。我们一共有两个人。一个穿白色工作服的科学家接待了我们。这太让人印象深刻了。因为我从没接受过高等教育，所以对这些大楼、这些书和这些知识分子都不是很熟悉。

斯坦利·米尔格拉姆（Stanley Milgram）先生给我们解释说，他对学习过程中惩罚的作用感兴趣。我们其中一个人将扮演学生，负责学习单词；另一个人扮演老师，负责检查学习和惩戒。我开始有点紧张。幸运的是，通过抽签，我扮演的是老师。

只是现在我觉得这并不是个好角色。每一次当扮演学生的先生犯错时，我不得不对他进行电击。电压已经到了 100 伏特，而他已经不想再回答问题了！我不知道该怎么做。我听到身后的科学家说：“请继续。”

◆

斯坦利·米尔格拉姆于1933年生于纽约。他在完成哈佛大学社会心理学博士学业之前，学习的是政治科学。他在哈佛大学的博士导师是所罗门·阿希。受到博士导师从众实验结果的影响，尤其是欧洲犹太人种族灭绝的影响，他在1960—1963年展开了一系列关于权威服从的实验。

米尔格拉姆说："如果想要用最简单的方式研究服从的话，就要设置这样一个情景。在这个情景中，一个人要求另外一个人完成一件事情，并记录下产生服从或者反抗的时间和时机。"

◆

我们继续讲述实验流程。当地报纸上的小广告一经登出，就有人应聘来参加学习的实验研究，报酬是4美元。耶鲁大学的研究员接待了两人一组的参与者，并告诉他们，实验目的在于研究惩罚在学习行为中产生的效果。其中一个问题为："惩罚是否有助于提高学习效果？如果是的话，惩罚到什么程度才会产生最大的效果？"

接着研究员告诉他们，实验中有两个角色。抽签决定谁扮演

“老师”或者“学生”。“学生”要学习一串配对的单词（例如，所对应的词“鸭子—野蛮”、“天空—蓝色”等），在记忆这些配对单词的过程中，每出现一个错误，就会受到电击的惩罚。事实上，抽签是骗人的。学生都是同一个人，就是实验室的工作人员。当然，真正的参与者会被给予“老师”的角色。而他们都害怕被给

予“学生”的角色。

被赋予“老师”角色的参与者，坐在电击仪器前。电击仪器有30个操作杆，操作杆根据电压强度，从“弱电击”(15伏特)到“强电击”(450伏特)依次排列。要连续进行40个实验，其中30个为重点实验（“学生”故意答错)。如果“学生”在实验进展中抱怨的话，“老师”就会犹豫是否要继续进行，或者他们会想停止电击，这时代表着权威的研究员会命令他们继续进行。这四种命令分别代表四种强度的社会压力：

- 请继续，我请求您继续。
- 实验要求您继续。
- 您绝对必须要继续。
- 您没有选择，您只能继续。

米尔格拉姆对以下两个方面进行了研究：一方面，实施一系列电击惩罚后，参与者开始拒绝继续实验的平均电击量；另一个方面，尽管“学生”多次求饶，但依然服从指令并使用450伏特电压的参与者人数。在电击过程中，扮演“老师”角色的参与者，刚开始只是简单地要求“先生，让我走吧！”，后来就痛苦地喊道“我不想再进行实验了！我不想再继续了！”，但他们依然在指令下实施电击。

虽然精神病学家之前说过，在这个过程中不会出现服从行为（他们认为，没有一个参与者能够使用到450伏特的电压），所使用的最大电压是120伏特，但实验结果令科学界感到吃惊。62.5%的参与者服从到底，大约2/3的参与者用450伏特的电压处罚“学生”！实验的平均电击电压为350伏特。

◆

在权威服从或者顺从的情景下，个体听从合法权威的直接命令，从而改变他的行为。和其博士论文导师所罗门·阿希一样，斯坦利·米尔格拉姆也想知道是什么导致了犹太人的种族灭绝。换句话说，普普通通的男人和女人们怎么能够变成刽子手？米尔格拉姆想要研究这样一个情景：在这个情景里，参与者对自我的挑战要比在阿希的从众实验里更加有难度且更加令人质疑。因为在阿希的实验里，大多数人所施加的压力是隐晦和间接的，并且实验参与者都处于同样的环境。而米尔格拉姆的研究，也就是权

威带给个体行为的压力，是明确而且直接的。在这种情况下，产生影响的根源，也就是权威要凌驾于个体之上。

◆

20 世纪 60 年代末，由赫佛林（Hofling）带领的研究小组尝试在医院这样一个自然环境里重新进行米尔格拉姆的实验。他们会得到同样的结果吗？服从比例依然很高？在这个研究中，医生豪斯（House）打电话给护士，要求她们给一位病人服用 20 毫克一种名叫 Astroten 的药物。这种指示违背了医院的规定，原因有以下四点：

- 护士们不认识开出处方的医生（没有一个叫做豪斯的医生在医院里工作）。
- 通过电话开出处方是严格禁止的。
- 医院不允许使用该药物（事实上，正在审批阶段）。
- 医嘱中的 20 毫克剂量太多了，因为药瓶说明上明确指出，每天最大剂量是 10 毫克。而医生却要求两倍的剂量。

在这种情况下，护士们有权力选择是否服从豪斯医生的命令，也就是说，服从或违抗上级。首先，她们的行为会对病人的健康

带来危险。但结果比米尔格拉姆实验更加令人吃惊：22 名护士里有 21 名护士听从了医生的命令。但是不要担心，瓶子里的东西已经被其他液体代替了，因此对病人没有伤害。这样一种行为在今

天就肯定不会发生了吗（不管怎样，以这种形式）？我们看到服从权力到了怎样一个地步！

◆

米尔格拉姆后来继续开展了19项不同的实验，目的是研究不同变量带给权力服从的不同影响，以及了解哪些因素导致了服从（或者违抗）。他对“距离”这个因素尤其感兴趣，一方面，是“老师”和“学生”的距离；另一方面，是“老师”和研究员之间的距离。

因此，想要研究距离因素，就要制造各种条件来改变两个实验主体（参与者和研究员“同伴”）之间的距离。根据直觉，他认为如果距离减少的话，服从度也会降低。以下是所设置的三种条件：在“距离反馈”条件和“声音反馈”条件下，两个实验主

体处于不同的房间。而这两个条件之间唯一的区别在于，“老师”能够听得见或者听不见“学生”的“哀叫”。而在“邻近”条件下，双方都在同一个房间里。最后，在“接触”条件下，“老师”要走近并调整“学生”的手在电极上的位置，因为有时候电极会松脱。

结果总是令人匪夷所思。在前两种条件下，即“老师”和“学生”不在同一房间的情况下，服从比率分别是65%和62.5%，而当他们在同一房间里的时候，服从比率下降到40%。当“老师”碰到“学生”的手的时候，服从比率下降到30%！我们原本认为，在最后一种条件下，所有的参与者都会放弃实验并进行反抗，然而，还是有近1/3的人将实验进行到底，也就是说，仅仅因为研究员，即科学家们发出指令，参与者就使用了450伏特的电击强度。

斯坦利·米尔格拉姆没有停留于此，他继续测试“老师”和研究员之间的距离效应。当权威远离时会发生什么呢？服从度总是一样的吗？在给出了第一组指令后，研究员离开了房间，在新一轮的实验中，他通过电话发布命令。这时服从比率下降，降到了20.5%。当研究员不在身边的时候，个体貌似更加能够抗拒他们。值得注意的是，当研究员缺席的时候，“老师”们表现出的行为和研究员列席时的行为不一样。例如，他们会使用比刚才更弱的电击来处罚“学生”。研究员对“老师”说，如果一切进展顺利的话，他们可以逐渐增强电击强度，而“老师”们却没有这样做。与其直接违抗和反对权威，扮演“老师”的参与者更倾向于适应和改变规则，继续实验。

◆

为什么米尔格拉姆实验中的参与者会服从呢？被询问到的学生认为这和个体特征因素有关系（我们也叫性格因素），而和情景相关的因素（情景因素）无关，虽然米尔格拉姆实验中不同的情景所起到的作用不可忽视。

在不同的实验情景下，服从度的比率变化从 0% 到 92.5%。很难说仅仅是因为人格特征的不同。因为情景其实也是一个原因。

我们从小时候开始，就学会服从各种权威场景：家庭（尊敬成人的权威）、机构单位（家庭之后，就有了学校，再之后是企业）。所有这些都形成了社会内部秩序：当我们服从时，我们一般会受到奖励；反之，如果我们反抗的话，就会受到惩罚……米尔格拉姆在解释权力服从的时候提到两种心理状态：自主状态（个人被认为是其行为的负责人和指导者）和代理状态（责任心丧失状态，在这种状态下，个人不认为自己是其行为的主导者，而只是一个简单的执行者，其行为不是由个人决定，而是由权威决定）。米尔格拉姆认为，代理状态“和承认自己是行为主导者的自主状态相反，个人认为自己只是陌生意愿的执行者”。作为执行者，他只是等级制度里的一个工具，只做出行为，但是并不对行为负责。

米尔格拉姆对每个参与者进行访谈。访谈结果显示：责任人要么是研究员（是他决定继续），要么是“学生”（如果学生努力一点的话，他们就不会遭到电击）。而“老师”在所发生的事情中不承担任何责任。

当然，代理状态表明人们承认权威的合法性。这种认知在社会文化的大环境下很普遍：因为我们的社会非常看重科学。但同时也要意识到科学和权威之间的直接关系。最后，命令和权威总是保持一致的（一名科学家能要求实施电击，但不能要求射击某人）！

1979 年上映的《如伊卡洛斯般的我》（*I ... comme Icare*）是导演亨利·维尼尔（Henri Verneuil）拍摄的一部法国侦探片。讲述的是一名检察官（由伊夫·蒙当扮演）负责调查某虚构国家的总统死亡的故事（这让我们联想到美国总统肯尼迪之死）。在调查过程中，检察官发现最大嫌疑人参与了某大学的实验。于是，他决定也去参加米尔格拉姆实验的复制。这部电影大大地普及了米尔格拉姆实验和实验结果。

还有一部离我们更近一点的电影，由德国导演丹尼斯·甘塞尔（Dennis Gansel）拍摄的《浪潮》（*The Wave*）。这部电影由“第三浪潮”（*The Third Wave*）改编而来。“第三浪潮”讲述的是 1967 年加利福尼亚的历史老师罗恩·琼斯（Ron Jones）对帕罗奥多（Palo Alto）高中生开展的一个实验，以此证明在今天依然有可能建立一个独裁帝国。

2009 年，法国电视台推出了一部纪录片，纪录片中讲述了一档虚假的电视节目《Zone Xtrême》，这个节目复制了米尔格拉姆实验。一位电视主持人代表了科学权威！科学不再是权威，而是电视，因为可以赢得一笔钱。克利斯朵夫·尼克导演的这部纪录片，和电视现实评论一样，得出 80% 的服从率。

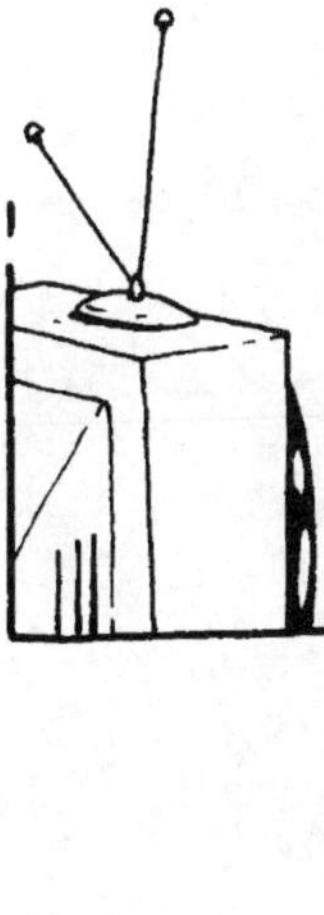

8

“你无能为力!”

群体极化和群体思维

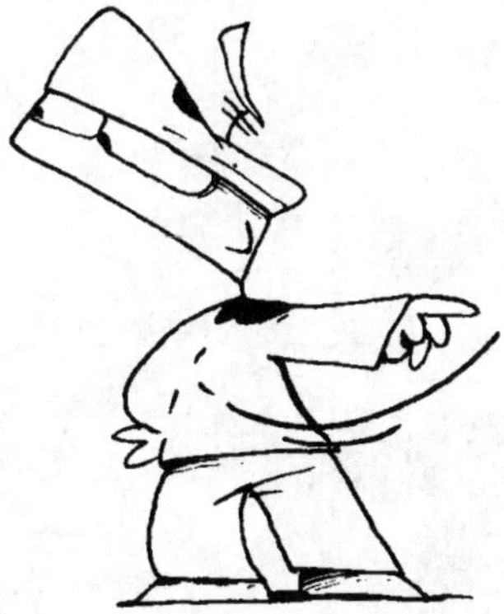

在去往 l'oracle de la Dive Bouteille 的路上。[①]

在沙朗东桥偶然遇见了庞大固埃，我当时衣衫褴褛。我刚从土耳其回来，在那里，异教徒用铁叉子把我叉住，靠着勇气和胆大，我用牙齿咬住还没烧完的木柴把自己救了出来。我还烧了帕夏的房子，他本来想将我烤熟。

已经过去很多年了，我们现在在船上。这是穿越的第五天，今天早上我们看到一艘来自灯笼国的船舶。在交谈之后，我们登上了这艘讲罗曼语的船。没有很多人陪伴，但是我觉得很好。

我们在聊天，一切都很愉快，直到碰到自称是生意人的丹德诺。他斥责我："哎，你个反基督徒的造眼镜的！"我顿时火冒三丈。那又怎样？有什么好嘲笑的呢？大家不喜欢我的眼镜吗？争吵更加激烈，庞大固埃又一次平息了局面。于是，我和丹德诺握手言和，为了庆祝和解，我们干了好几杯。

"丹德诺，为了我们的和平，卖一只你的羊给我吧。你开个价

---

① 可参见拉伯雷的《巨人传》。——编者注

吧。”面对固执的生意人，我不得不发挥我的谈判才能。

在付了钱后，我在羊群中挑了一只又肥又大的羊，抓起来就走，那只羊“咩咩”地叫个不停。我复仇的机会到了。砰！到水里去吧，肥羊！蠢货！

其他的羊全都叫喊起来，它们相继离开甲板，全都跳到海里去了。它们互相踩压。丹德诺试图拉住它们，但你知道羊群的自然属性。在几次尝试之后，这个生意人无能为力。

我不知道为什么所有人都说是巴奴日的羊，因为它们不是我的，而是丹德诺的！哈哈哈！

◆

“群体盲思”的概念是由艾尔芬·詹尼斯（Irving Janis）在 20 世纪 70 年代初理论化的。艾尔芬·詹尼斯是耶鲁大学的心理学教授，他对专家团的决策过程提出了质疑。令詹尼斯尤为感兴趣的是，这样一个群体为何有时做出完全不可理喻的决定，尽管群体成员都是些最有能力的人。

艾尔芬·詹尼斯着重分析了几个重大历史决策，这些决策曾导致美国政治上的惨败。如珍珠港事件：美国军队如何以及为什

么对珍珠港的海军袭击风险和已获取的警报信息置若罔闻？

他们感觉是一样的。他们没有花力气去研究各种潜在的不同观点。“群体思维”的出现和以下因素有关：群体的高度凝聚力（团结、彼此吸引和群体精神）、相对的群体孤立、详细的研究方法和多种行动评估方法的缺失、命令式领导的权威地位和不敢抱有怀疑态度的群体成员的紧张情绪。要注意的是，这个现象非常普遍，不只是发生在美国（找到法国的最新案例是很容易的）！

詹尼斯的研究和第1章中社会影响的理论有异曲同工之妙。然而，需要知道的是，也不是所有的集体决策都会导致恶劣的结果。詹尼斯把主要的原因归结于群体的凝聚力，他的这一分析引起了争议。事实上，一方面，有一种群体不仅具有高凝聚力，还能包容不同意见（例如夫妻或者家庭这样的群体）；另一方面，还有一种不怎么具有凝聚力的群体也会做出糟糕的决定。最终，形成“群体思维”的主要原因更多的是成员之间团结的意愿而非团结本身。

◆

群体决策比个人决定带来的风险更大：我们称之为群体极化现象。这是群体的一种极端选择或者群体绝对观点，这种绝对观点“强化”或者“僵化”群内成员的判断，继而导致集体决策更加极端。

最初极化是出现在实验室里的两极分化。这个现象立即引起了大量的研究，在一定程度上，它和当时的理论概念是相反的，因为当时只强调群体的缓和以及规范作用（请回忆谢里夫的规范化现象）。这个现象被看作群体内部折中观点的“基本定律”之外的异数。

20 世纪 60 年代末期，莫斯科维奇和扎瓦洛尼（Zavalloni）重新阐释了这种“冒险”行为，他们认为，这种行为是群体极化态度普遍化的表现：极化或多或少产生于个体间的互动之中。那时，

莫斯科维奇和扎瓦洛尼研究的是人们对戴高乐（de Gaulle）将军的态度和他们对北美的态度，而非冒险问题。结果表明，群体讨论强化了对戴高乐将军的积极态度，同时也强化了对北美的否定态度。另外，讨论结束后，虽然群组成员同意所采取的集体策略，但他们依然保留各自的观点。

◆

经过科学研究，以下几点扩大或者强化了极化现象：

• 对于群体成员来说，在“真实”的环境下进行讨论，增加了交流的机会；

• 讨论之前，群体已有一个基本的论调（例如，从各个层面上积极保持同一态度，而不是使之夭折）；

• 讨论之前群体内部多样化的观点促进极化现象：成员之间的某些分歧导致极化的产生；

• 群内某些成员的意见：当群体成员感觉成为被讨论的对象时，极化的趋势越来越强烈；

• 非正式的讨论有利于极化的产生：规范化讨论过程或者群内官方领导的出现会减少意见的分歧。

◆

群内观点的变化会影响到很多相关的实际生活。这个问题直到今天依然和一个名叫库尔特·勒温的人紧密相连，他在20世纪40年代的研究著作中就指出了。

库尔特·勒温生于1890年，是德裔美国心理学家。1933年移民到美国，他拥有多个大学职位，包括康奈尔大学、爱荷华大学和麻省理工学院。在麻省理工学院，他创办了群体动力学研究

中心，并担任中心主任。他培养了很多社会心理学家（费斯廷格、怀特、利皮特和沙赫特等），他的研究结合了基础理论和学科理论，结合了形式和实践，结合了经验和实验室实验，这些结合是必须且无可争议的，给科学界树立了榜样。

勒温认为，群体是个“力量场”，是各方力量的一个较量系统，一些人推动改变，而另一些人只求稳定。对他来说，两种力量的平衡引导着群体的走向。这种平衡状态只存在于同等力量或者相反力量中，这种平衡也反对变化。想要发生变化，就需要改变力量场，即增加其中一方的强度，减少另一方的强度。因此，我们既可以给倾向变化的一方增加压力，也可给抵制变化的一方减少压力。群体成员的决策会引起力量场的变化，这种行为产生“冻结”效应或者“凝聚”效应。

◆

勒温最著名的就是改变食用习惯的实验。研究员们要达到的目的是增加内脏（牛羊肚、牛心和腰子等）的消费，以便掩饰战争年代食品的匮乏。参加实验的是美国主妇，连她们自己都犹豫是否要用内脏来准备家庭餐。我们比较了两种促进改变的模式：

一种是“传统”的会议模式，另一种是小组讨论模式。

在传统模式里，勒温把主妇们集中在一起，一名主讲人花了45分钟给她们讲述用内脏做饭的各种好处，不管是经济上的还是烹饪和营养上的。这个策略很令人失望，只有3%的主妇改变了他们的食用习惯。

在小组讨论模式里，主妇们收到了同样的信息，但这次，主讲人的身份变成了组织者，他引导群体集体做出决定。他让主妇们互相讨论。会议期间，如果有主妇改变主意，决定下周用内脏

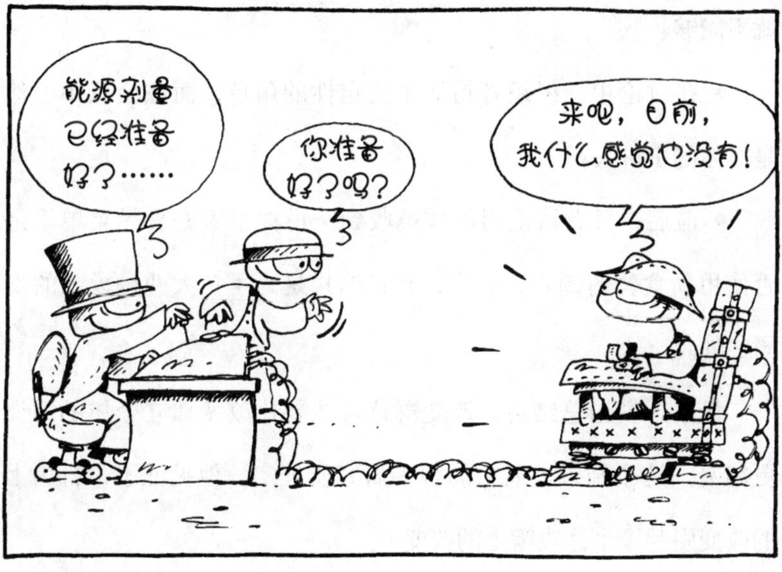

做饭的话，就举手示意。结果，30% 的主妇决定食用内脏。

◆

以下几个因素能够解释两种模式的区别：

- 个体之间的讨论要比单纯参与会议更有效果；
- 参与讨论的成员要做出决定，而不仅仅只是会议的听众；
- 讨论时，我们了解到其他成员的决定，但在会议上，我们不知道其他人的决定；
- 讨论小组中每个成员都可表达各自的观点，但是在会议上就不能够；
- 在讨论中，组织者扮演了决定性的角色，而在会议中，他是群体的主讲人；
- 最后，只有讨论组的成员收到一份关于家庭食品菜单里是否使用新食物的调查。其实，其目的只是为了扩大两种模式的不同之处。

最后，勒温总结道，改变群体习惯要比改变孤立个体的习惯更容易。这个结果被后来的很多研究所证实。他见证了，行为上的改变引起了个体决策上的改变。

在打破标准和做出决定的时候，讨论模式就显示出它的必要性。勒温构建的方法和建立在承诺行为理论基础上的操作方法类似。如果讨论开启了改变的可能性，那么组织者在引导讨论和获得公众支持中起着决定性的作用。

◆

怎样让一个人在不改变他的信仰、态度或者意愿的时候，接受另一种行为？查尔斯·凯斯勒（Charles Kiesler）在 20 世纪 70

年代初提出了另外一种行为方式：在行动中改变个人的行为和信仰。对凯斯勒来说，只有行动能使我们信守承诺：想法和感情不能约束我们，只有实实在在的实际行动才能约束我们。

凯斯勒于 1977 年开始研究行动中的承诺效应，他要求学生们用自由讨论的方式写一篇支持学生和老师共同管理大学教学项目的文章。这是一个职业心理实验，因为学生们热衷于这种管理模式。一半学生收到 0.5 美元的报酬（强烈承诺），而另外一半学生获得 2 美元的报酬（微弱承诺）。接下来，反对这种管理模式的风声渗透到学生之中（一篇极有说服力的文章反对学生和老师共同管理的想法）。最终，通过这个共同管理计划，我们观察到学生态度的改变。结果显示，根据学生们获得报酬的多少，宣传带来的效果也大相径庭。在“强烈承诺”的条件下（0.5 美元），学生们很少受到宣传的影响，反而比初期更加支持共同管理计划。在“微弱承诺”的条件下，他们受到了宣传的影响，并且不是那么支持共同管理模式了。

要从行为和认知两个层面来理解承诺效应的定义。信守承诺是反对改变的一个因素。另外，凯斯勒认为，个体总是试图减少态度和行为之间的不统一。结果，当个体的行为和他已有的信仰或者价值观不一致的时候，承诺行为将引导后者改变态度，以便和实际行动保持协调。相反，如果行为和已有的信仰和价值观一致的话，那么承诺会让个人更加坚定自己的观点，也更加反对和他的价值观或信仰相反的论调。

从酩酊大醉的夜晚醒来，没有人记得前一晚所发生的事情。你的一个朋友和你的未婚夫消失了，一个叫“Stu”的朋友失去了一颗牙，浴室里有只老虎，橱柜里有一个婴儿在啼哭。这就是《宿醉》（*hangover*，2009）的开头，接下来，人物命运就此展开，糟糕的选择也接替而来……

1954年，英国作家威廉·戈尔丁（William Golding）发表了名叫《蝇王》（*Lord of the Files*）的小说。这部小说讲述的是一群男孩乘坐的飞机跌落在一个荒岛上。岛上没有成年人，幸存的孩子们试图建立和复制一个社会。最终，在各种不同的利益冲突面前，这个社会很快就解体了。

9

“没有，我什么也没听到，怎么了？”

冷漠和旁观者效应

你知道吗？
再差一点点，
就落在我们
头上了！……
哗！
救……
我……
呃，
我后背
凉飕飕的！
Margo

1964 年，纽约市皇后区丘园。

《纽约时报》(*The New York Times*) 的这篇文章把你重新带到了15 天以前。这就是著名的 3 月 13 日。当时是几点了？凌晨 3 点？文章报道为凌晨 3 点 20 分。“请你们救救我！救救我吧！”这些呼救声依然回荡在您的耳边。“啊，天哪，他刺伤了我了！我就要死了！”

你听到这些呼救声了吗？你可能不记得了。然而马丁·甘斯伯格（Martin Gansberg）所写的文章标题清晰明了——《38 名目击证人中无人给警察打电话》。警察就此事件调查了很久，并且你收到了温斯顿·莫斯雷（Winston Moseley）刺杀案的诉讼传票。

受害者，也就是你的邻居，名叫凯瑟琳·苏珊·吉诺维斯（Catherine Susan Genovese）。她只是你其中一个邻居。这个区有很多人，当然不是所有人你都认识。

你大概记得呼喊声，但是这一片区很繁华，也很热闹，有很多人。必须有所行动的为什么是你呢？又不是只有你一个人住在这里！其他人，他们做了什么呢？他们帮助她了吗？很明显，很遗憾她死了。但你应该负责任吗？其他人应该负责任吗？

◆

凯瑟琳·苏珊·吉诺维斯是一名有着棕色头发的年轻女子，29 岁，住在皇后区的丘园，纽约市的五个区域之一。

1964 年 3 月 13 日，凌晨 3 点钟左右，回家途中她被一个名叫温斯顿·莫斯雷的男人纠缠。这个男人先是向她问时间，然后开始跟踪。当她第一次大叫的时候，这个男人刺伤了她。接着她和这个男人搏斗并再次呼喊。他感到害怕并回到车里。这时是 3 点 15 分。3 月的夜晚又黑又冷。周围楼房的百叶窗都紧闭着，只有一两盏灯亮着。貌似什么都没发生。

温斯顿·莫斯雷返回并且再次侵犯凯瑟琳·吉诺维斯。在她

回到公寓的路上，他打了她并且又刺了好几刀，尽管她一次又一次地呼救。最终，他强奸了她。

凯瑟琳·吉诺维斯的噩梦持续了半个多小时。警察在凌晨3点50分收到报警。当他们赶到现场的时候，他们看到被身刺20多刀的凯瑟琳·吉诺维斯。她立即被送往医院，但在途中，就已经停止了呼吸。

几天之后，《纽约时报》的头版头条刊登了这个新闻。38 个人受到谴责，因为他们看到了事件过程却没有阻止事态的恶化。

官方开始调查。温斯顿·莫斯雷被逮捕以及审判。同一天，他被判刑，并送往纽约州的一所监狱服刑。

◆

两位美国社会心理学家以这个悲剧社会新闻为起点，进行了思考。他们分别是：约翰·达利（John M.Darley）和比博·拉塔内（Bibb Latané）。

约翰·达利，生于 1938 年，是著名的普林斯顿大学的社会心理学教授。比博·拉塔内，生于 1937 年，曾任教多所大学，现在领导着教堂山分校（Chapel Hill）的人文科学中心。

这两名研究者认为，在不安的状态下，我们都会看别人怎么做。当在含糊不清的情景下感到困惑时，我们自然而然地倾向于参考其他人的行为，然后做出自己的决定。

察看周围人并采取和他们一样的行动导致了集体忽视现象。在凯瑟琳·吉诺维斯的死亡事件之后，约翰·达利和比博·拉塔内研究了这种模糊情境。在这种情境下，以周围人的行为作为自

己的行为标准，于是人们就采取了“不作为”的方式。每个人对于自己的无动于衷都给出解释，一切都会好起来的。他们都想象着，只要有一个人采取行动，那么危险就会过去。

◆

约翰·达利和比博·拉塔内的假设，更明确地说，就是如果

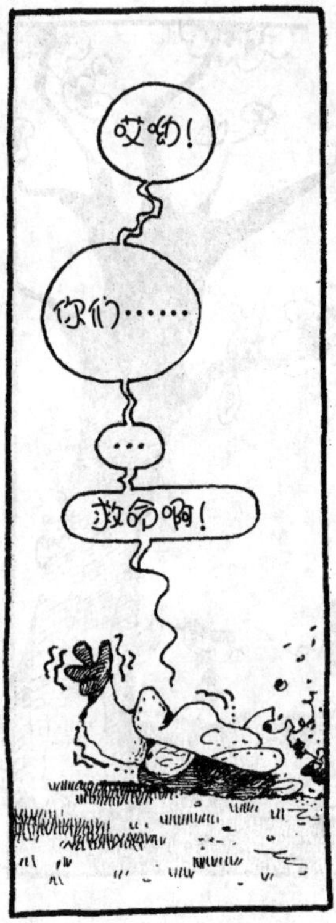

不是好几个人看见，而是只有一个人看到事件的发生，遭遇危险的人更容易被救援。我们这两位研究员将开展一系列的实验来验证他们的假设。

第一个实验，是叫一些学生来参加招聘面试。他们到达之后，被安排在等待室。我们要求他们耐心等待并就他们的动机和个人情况做一份问卷调查。几分钟之后，在他们回答问卷的时候，通风口冒起了浓厚的黑烟。

你现在明白了，这个黑烟是实验的一部分，研究员们早就提前准备好了。他们现在要做的就是，观察等待室里学生们的行为。

这个场景在不同的条件下重复了三次：等待室里只有一名学生；等待室里有三名学生；等待室里有一名学生和两名约翰·达利和比博·拉塔内的“同伴”，这两名“同伴”不会采取行动。实验结果无可争议，并证实了研究员们的假设：当只有一名学生时，他会参与救助并到走廊或者隔壁办公室寻求帮助的可能性有 75%；如果是三名学生的话，他们会采取行动的可能性有 38%；而当和两名“不作为”的实验“同伴”在一起时，那个学生采取行动的可能性仅仅只有 10%。

◆

这是一个测试个体自我反应的实验。在帮助和救援别人时，到底发生了什么情况呢？约翰·达利和比博·拉塔内开展了一个新的实验。实验假设：因为每个人对事件都持有不确定的态度，以及每个人都会参考其他人的行为，因此现场人数（在一个固定的地方，例如一个房间）可能会减少或者救助会被减缓。这时候，责任扩散将会出现：人越多，我们感觉所承担的责任就会越少。

在这个实验里，学生们通过对讲机听出另外一个人是羊癫疯病人。

他们再一次参与到一个所谓的集体工作的研究中来。每个学生都被分配到一个单独的工作间里，他们只能通过对讲机和别人进行交流。

这种情景允许假定参与者的人数。学生们只能通过对讲机和一个、两个或者五个被隔离的人进行讨论。其中一个人，也就是实验员的“同伴”，在讨论的时候，假装羊癫疯发作。

令约翰·达利和比博·拉塔内感兴趣的，则是参与者们在听到癫疯病发作时的反应。然而，除了这个伪羊癫疯病人，其他参与者也都是虚构的。只有一个参与者真的听到了呼救声。

所收集结果显示，当参与者认为没有其他目击证人时，他会参与救助。事实上，当参与者认为他是唯一一个知晓的人时，他救助别人的可能性有85%；而当参与者认为还有另一个参与者时，他的救助可能性就降到了62%；而当参与者认为其他四个目击证人都听到了羊癫疯病人的发作时，他救助的可能性只有31%。

事实很简单，只有一个人时，他会决定帮助受害者，而当他认为其他人也会参与救助羊癫疯病人时，救助几率反而大大降低。在初次实验后，不管是约翰·达利和比博·拉塔内，还是其他研究员，在

其他多种情况下又复制了同样假设的实验，但都得出同样的结论。他们一致认为：紧急情况下目击者人数越多，救助机会就会越少。这就是我们知道的“旁观者效应”或者“目击者效应”。

◆

约翰·达利和比博·拉塔内认为，当一个人发现一个事件，而这个事件是真实且紧急的，以及只有他的出现才能够给予帮助时，他才决定在紧急情况下参与并帮助另外一个人。

因此，其他人的存在会影响个体的行为。个体最终会给予救助吗？最终决定取决于三种因素：社会影响（其他人对个体的影响，请参考社会规范、权力服从章节）、评价恐惧和责任扩散。

◆

其实读到这里也不要太消极，值得注意的是，有一些因素可能会抑制旁观者效应的产生，从而使目击者参与到救助中来。

例如，当涉及特殊人群时，旁观者效应或者无动于衷就不会发生。

克拉默（Cramer）和他的合作者做了下面一个实验：一个女学生在其他同学面前从梯子上摔下来，受伤了。实验操作的重心落在考察“旁观”学生的教育背景上。

克拉默再次看到了目击者的淡漠，但是一种情况除外：如果这些目击者是护士专业的学生，不管是一个人还是一些人，她们都会参与救助。显然，她们的教育背景使她们更有能力来帮助其他人，从而避免了责任扩散。结果是她们参与并救助了受伤的女学生。

◆

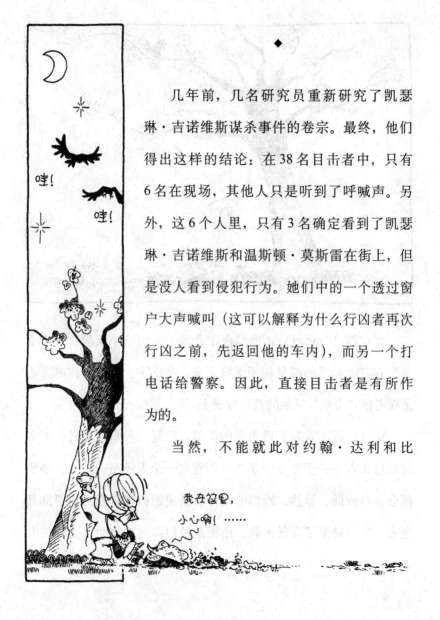

几年前，几名研究员重新研究了凯瑟琳·吉诺维斯谋杀事件的卷宗。最终，他们得出这样的结论：在38名目击者中，只有6名在现场，其他人只是听到了呼喊声。另外，这6个人里，只有3名确定看到了凯瑟琳·吉诺维斯和温斯顿·莫斯雷在街上，但是没人看到侵犯行为。她们中的一个透过窗户大声喊叫（这可以解释为什么行凶者再次行凶之前，先返回他的车内），而另一个打电话给警察。因此，直接目击者是有所作为的。

当然，不能就此对约翰·达利和比

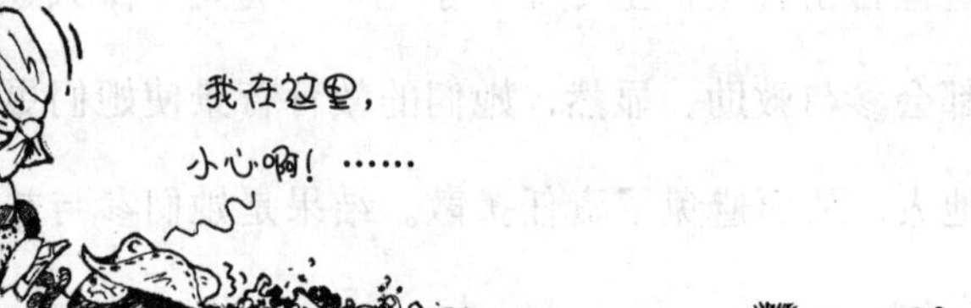

博·拉塔内提出的“旁观者效应”提出质疑，同时这也再次肯定了他们所发表的研究成果，那就是：越是卷入紧急事件中心的人，越不会逃避责任。

好吧……不要再担心了……
您得救了……
谢天谢地!

10

“让我出去！”

斯坦福监狱

战争摧毁了一切……看看我们生活在怎样的环境中……
需要重新修建……
正好我们可以建立一个更加稳定的社会！
……还要安装一个高级的公共照明灯！……
但这需要大量的工作！
margo

1971年，加利福尼亚州的帕罗奥图。

8月14日，主持人在广播里说这是个阳光灿烂的星期日。我真的不想从床上起来。我在考虑今天要做什么，还在思考中。

这时，我听到街上有警车的鸣笛声，虽不知道发生了什么，但我没有立马把鸣笛声和敲门声联系在一起。“警察，警察！开门！”

我穿上了短衬裤，手上已经戴上了手铐。我的母亲要求解释。警察给我读了我的权利，然后就把我带到了车里。

在长啸的鸣笛声中，我们穿过了城市，来到监狱。他们给我照相，还摘录了我的指纹。我还得脱衣服。他们甚至对我进行了消毒！他们给了我一个身份号码，我不得不穿上犯人的统一服装。现在我在这个单人牢房里等待。

你们有什么资格这样对我？发生了什么事情？你们正在做梦吗？没有，你自愿接受参加一个社会心理学的实验。

◆

世界上的监狱专家为数不多，知道所有监狱中心的人就更少。但是，在主持人于连·勒佩尔斯（Julien Lepers）的引导下，你也能够回答出“我是谁?”这样的问题。

我是一所复杂的监狱。我曾经是2004年的新闻焦点。我建于20世纪60年代，位于巴格达中心以西32公里的地方。我是一所伊拉克监狱。我是……我是……

这就是阿布·格莱布（Abu Ghraib）监狱。也许你对它的具体地址毫无概念，对里面的楼房数量和形状更是一无所知。但即使对这所监狱本身的形状没有任何概念，你应该见到过发生在这所监狱里的一些照片。

让时间倒转到2004年。确切一点，2004年4月28日，美国杂志发布了美国军人虐待和羞辱伊拉克犯人的照片，其中也包括美国女兵。照片上，我们看到一边是年轻的美国士兵微笑着摆着姿势，在他们旁边，则是受辱的囚犯，他们被电线捆绑着，头上罩着塑料袋等。在其中一张照片上，我们还看到一个女兵，照片上标注着她的名字和军衔，她用手拖着一条绑在裸体囚犯脖子上的铁链条。

马克·金米特（Mark Kimmitt）将军，伊拉克军事行动副指挥，公布了巴格达六名受质疑的美国士兵的名字。根据官方报道，从2003年10月到12月，这个监狱里发生了多起“暴力、酷刑、现场犯罪和虐待”的事件。

怎样解释这样的行为？这些士兵为什么以及怎样做出这种事情的？

◆

菲利普·津巴多（Philip Zimbardo）是美国社会心理学家，1933年出生于美国。他来自西西里移民家庭，在布朗克斯（Bronx）的贫困区长大，年少时周围所发生的事烙印在他的脑海里。有一个小趣闻，那就是我们在第7章中提到的斯坦利·米尔格拉姆，在1954年的时候他和菲利普·津巴多，在詹姆斯·门罗学校的同一个高中班上学习。获得耶鲁大学的博士学位之后，从1968年到2003年退休，他一直在斯坦福大学任社会心理学教授。

20世纪60年代末，美国海军和美国海军陆战队联系了津巴多。他们希望就阿布·格莱布监狱的冲突原因进行研究。津巴多和其他研究者克雷格·哈尼（Craig Haney）、柯特·班克斯（Curt banks）和大卫·贾菲（David Jaffe）提出了这样一个假设：当监狱看守和囚犯按照各自的角色进行活动时，恶劣的囚禁环境会导致看守和囚犯双方关系的恶化，这是无法避免的。

◆

1971 年，津巴多和他的研究小组把斯坦福大学心理学系的地下室改造成一个“假监狱”。这个“假监狱”非常逼真，拥有 3 间 3∶2 的囚室（还配置一个铁窗），每个囚室可以容纳 3 名囚犯。

研究小组提前在当地报纸，也就是在斯坦福大学所在城市帕罗奥图的报纸上发出了小广告，召集学生参与为期两周的监狱生活的研究，志愿者每天能得到 15 美元的报酬。实验从 8 月 14 日开始。

75 名志愿者报了名。经过一些人格测试之后，24 名志愿者被选中并随机分配：一半人扮演囚犯，另一半扮演看守。最终，有 9

个“囚犯”和9个“看守”参与实验，剩下的6名学生随时待命以便候补。

◆

本来说好研究从第二天开始，但为了实验的真实性，扮演囚犯的学生被市内警察在他们家中逮捕并带到了市警察所。他们被拍了照，摘录了指纹。傍晚，每个嫌疑犯被蒙着眼睛带到了“斯坦福监狱”。

在监狱里，被搜身和洗澡之后，扮演囚犯的志愿者穿上了统

一的囚服。看守们只要按照规定保证监狱的正常运转就可以了，他们没有收到特殊的指令。唯一一条不可逾越的规定，就是无论何时，都不能使用体罚。看守们都有统一的警服、哨子和墨镜。

当 9 个囚犯到来时，看守把他们集合起来，宣读了 16 条基本规则，其中最后一条总结性的规则是："违背了其中一条就会遭到惩罚。"

第一天

囚犯在半夜里被叫醒点名，目的是检查一下是否所有人都列席并且是否都明白 16 条基本规则。每个人都开始进入自己的角色，同时也意识到其他人的角色。这一天相对来说平安度过，大家貌似都是"好孩子"。

第二天

第一个紧张局面出现了。为了挑战看守的权威行为，某些囚犯开始反抗，他们撕掉囚服上的编号并且把自己锁在囚室内不理会看守的命令。

看守表现得也很坚决。他们撤走了囚室里的床，脱光他们的衣服，恐吓他们；带头反抗的囚犯立即被孤立，而三名没有参与反抗的囚犯获得了“特权”。他们可以洗澡、刷牙以及在其他囚犯面前吃饭，因为作为惩戒，其他犯人被剥夺了食物。

晚上所有的囚犯被集中在一起。前一晚建立起来的犯人之间的团结不复存在了。这三名“特权”犯人被其他人认为是“告密者”。

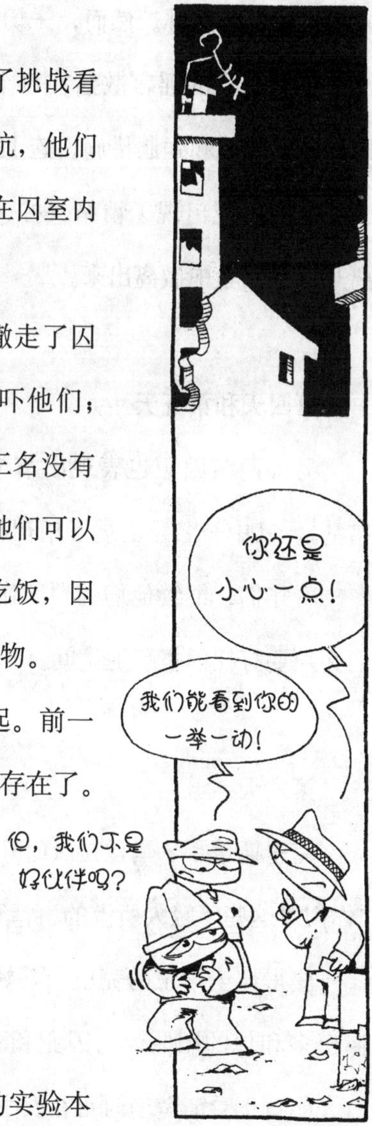

第三天

这只是实验的第三天，预制的实验本

来要持续两个礼拜。然而，一切都在飞速进展。

集体逃亡的谣言散播在每个监狱里。因此，监狱长和看守立即采取了防范和强制措施，连上厕所的权利都变成了特权。

一名囚犯出现了情绪失控，处于崩溃边缘。津巴多决定让他离开，从实验中撤离出来。

第四天和第五天

另外两名囚犯也表现出情绪失控的症状（喊叫、哭泣和神经错乱）。其中一名还出现了精神和身体指令完全混乱的症状。

看守们，继续他们的“工作”：犯人们不得不做身体锻炼，他们必须要打扫囚室和卫生间。

第六天

克里斯蒂娜·马丝拉（Christina Maslach）到访，她哭着写道：“你们对这些年轻人所做的事情真的很可怕！”

获得博士学位的克里斯蒂娜·马丝拉，负责采访实验参与者。津巴多和他的团队，与囚犯和看守一样，已经成为游戏中人。没有人能真正看清楚当时正在发生的事情。

马丝拉以局外人的眼光让津巴多明白，这个实验已经走得太远了。他立即下令停止实验。

还有一件轶事，那就是菲利普·津巴多并没有抱怨克里斯蒂娜·马丝拉太多，因为第二年他们就结婚了。

◆

本来持续十五天的实验在六天之后就不得不停止了，仅仅是因为模拟监狱里的局势正在失去控制。看守们滥用职权，并且越来越具有攻击性（语言和身体）。扮演犯人的学生们也变得越来越被动、消极、沮丧和充满敌意。

这个实验清晰地揭示出社会角色给个人带来的影响。津巴多认为，这个实验使人们更好地理解了在权力的驱使下，人们有时候会做出不人道的事情，以及“社会和制度压力如何使好人做出骇人听闻的行为”。

◆

2002 年，英国研究员亚历克斯·哈斯拉姆（Alex Haslam）重新启动了这个实验。这一行为遭到了很多争议，因为实验和 BBC

快点！
再快点！
一群懒人！
marga

电视台合作并同步播出。节目名字“实验”遭到一些社会心理学家和记者的评论。例如，《卫报》(*The Guardian*) 记者约翰·克雷斯（John Crace）就这个真人秀节目的构思提出了疑问：“这是不是严肃的科学呢？”除了这些评论外，和“实验”相关的文章相继发表，相关主题期刊也相继发行。

在津巴多的实验中，我们重新意识到人格解体和非个人化所占的比重。我们不能归因于实验参与者的不同个性。事实上，实验之前，对他们进行过一些测试，并且角色的分配是随机的。因此，是环境——监狱环境对参与者的行为产生了巨大影响。

如何解释看守的行为？大多数人认为这和扮演看守的学生的个性有关。如果认为他们的行为和举止是所属角色在起作用，而非角色所处的形势和环境，那就高估了演员本身的作用。

承受不了心理磨难和心理极度脆弱的学生，都已经提前退出了实验。看守和囚犯角色的分配是抽签决定的，这是非常随机的。因此，看守和囚犯表现出的行为不能由他们的个性来解释，而只能由当时的环境和他们所扮演的等级角色来解释。

和米尔格拉姆关于权力服从的实验一样，我们再一次观察到，背景和环境对一个人的重要性。20 世纪 50 年代初，库尔特·勒温提出，“场论”再次把环境的重要性提升到科学认知的范畴。人们总是倾向于把别人的行为归结于他的个性，而忽略了情景、背景和环境的影响。

◆

三名美国研究员，费斯廷格、佩皮通（Pepitone）和纽科姆（Newcomb），在 1952 年就提出了去个体化的概念。在这个概念里，个人特征被掩盖，个体相对匿名。个体在某一时间内失去他的“特性”。

在著名的“斯坦福监狱”实验之前，津巴多通过实验室实验来解释了这一概念。

实验分为两组。在第一组里，所有参与者戴有仅露出眼睛和嘴巴的风帽，这一道具无法让人辨认出个体特征。在第二组里，参与者佩戴标明他们特征的胸卡。

在实验过程里，要求参与者在学习任务中对另外一个学生进行电击（您是否记得津巴多和米尔格兰姆年少时在同一个班级）。当然，被电击的是实验助手。

然而，个人性格或者人格，以及随机的分组没有影响任何结果。第一组匿名的成员比起第二组的成员，给了实验助手双倍的电击!

2003[①] 年上映的德国电影《实验》(*Das Experiment*)，由奥利弗·西斯贝格(Oliver Hirschbiegel)执导。它讲述的是二十多个人在心理学实验中分别扮演看守、囚犯或者其他角色的故事。实验进展得不好，在角色的支配下，几名看守犯了谋杀案。电影取材于津巴多实验，影片开头完美地展现了实验第一天扮演囚犯的学生们的不安和焦虑。

很多电影和电视编导从这个实验里找到了灵感：系列剧《犯罪现场调场：迈阿密》中的某一集《可怕的精神》中出现了这个实验。系列剧《美眉校探》中，女主角维罗妮卡·马尔斯(Veronica Mars)和其他同学一起参加了这个实验(剧集《角色扮演》)。小说作者从这个实验里也找到了所需材料：阿梅丽·诺冬(Amélie Nothomb)的《硫酸》讲述了几乎同样的故事，马利奥·乔丹努(Mario Giordano)的小说《黑盒子》(被改编成戏剧)也是一样。

① 原书为 2003 年，但实际疑为 2001 年。——编者注

11

“谁是我的邻舍？”

好撒玛利亚人的寓言[1]

① 可参见《圣经·路加福音》。——编者注

时间就是金钱
呀！
市中心
变样了……
ACHETEZ DES TAS DE TRUCS
更快、
更好地
工作
SUPER
商店
Bip
Bip
Bip
marga

1973年，新泽西州普林斯顿的长老会教堂。

10分钟？我真的不知道是不是可以赶到。

是的，我的确同意参加这个研究，但是没想到这还是个体力活。不管怎样，我是神学院学生，而不是运动员！

开始的时候，我们约在308教室来做电台节目，但刚刚被通知要去校园的另一头录节目。他们要我在10分钟内赶到，因为节目就要开始了。

我加紧了步伐，但是不知道是否能来得及。只要没有什么意外发生，一般来说，时间刚刚够，就像调查者说的。

“先生？先生？”

我很清楚我不能够停下来，但是这个人的状况看上去真的很糟糕。

“先生？你听得到我吗？你要我帮忙吗？你希望我叫其他人吗？”

我将会迟到，但是我不能把他一个人留下来。他看上去被痛苦折磨。那么，如果我迟到的话，后果会很严重吗？

◆

这是对助人行为感兴趣的社会心理学家做的一个实验，目的在于解释为什么在某些场合下，利他主义会缺失。你一定还记得第 9 章中约翰·达利和比博·拉塔内所研究的凯瑟琳·吉诺维斯事件。

利他主义的行为指毫不犹豫做出的行为，只是为了帮助别人，并不期盼回报。美国心理学家伦纳德·伯克威茨（Leonard Berkowitz）认为，利他主义由三部分构成：以帮助他人为目的，在个体或群体自愿的情况下，不索求任何回报。

助人行为的定义也是一样的，只是两者的目的是不一样的：施予帮助的人是否期待奖励或回报。

那么，利他主义真的存在吗？人类本质上是自私的吗？如果是这样的话，助人行为的给予是为了得到奖励或回报吗？真的存在利他行为，而不期盼任何形式的奖励？

事实上，利己的帮助也有好几种形式：为获得物质奖励的救助（钱、荣耀等）；满足心理奖励的救助（良好的自我评价、积极的情感等）。因此，一些研究者认为，人们从来都不会只是为了简单的帮助而帮助其他人。

◆

我们来看一下《圣经》里《路加福音》的第十章，有这样一个故事：

耶稣回答说："有一个人从耶路撒冷下耶利哥去，落在强盗手中。他们剥去他的衣裳，把他打个半死，就丢下他走了。碰巧有一个祭司也从这条路下来，看见这个人便绕道而走。又有一个利

未人（宗教中负责解释法律的人）来到这地方，看见他，也照样绕道而走。唯有一个撒玛利亚人（住在巴勒斯坦北部）行路来到那里，看见他就动了慈心，上前用油和酒倒在他的伤处，包裹好了，扶他骑上自己的牲口，带到店里去照应他。第二天拿出二钱银子来，交给店主说：'你且照应他，此外你花费的其他费用，我回来必还你。'这三个人中，哪一个是落在强盗手中的人的邻舍呢？"律法师说："是怜悯他的。"耶稣说："那你也去做同样的事情吧。"

这就是"好撒玛利亚人"的寓言。之前，耶稣曾说过："你将会用你全部的心、全部的力量和全部的想法去爱你的上帝；你的邻舍就像是你一样。"介绍这则寓言就是为了回答之前的问题："谁是我的邻舍？"

◆

这则寓言是20世纪70年代两名美国学者的研究起点。和比博·拉塔内一起研究凯瑟琳·吉诺维斯事件的约翰·达利，在普林斯顿大学指导丹尼尔·巴特森（Daniel Batson）的博士研究。另外，约翰·达利和丹尼尔·巴特森也共同专注于对神学的研究。

这项共同工作的目的是研究哪些关键因素会导致人们产生利他行为或者助人行为。表象上看，只要情况允许，这些行为就会产生。所以，在某些情景下，我们甚至都注意不到有人需要帮助。

因此，达利和巴特森围绕着神学院的学生展开研究，以验证他们的假设。他们要求学生们参加一个利他主义概念的电台节目。当学生们到达指定地点后，调查者说，录制节目的工作室改到了校园的另外一端。因为技术原因，他不得不在最后一刻搬迁。接下来，按照预先安排的，学生们被随机分成了三组。第一组的学

生被告知任何时间到达工作室都可以；第二组的学生被要求在限定时间内到达；最后，第三组学生们已经迟到了，所以他们要尽快到达。

一个实验助手扮演学生途经路上的一个路人（坐在一个角落，咳嗽，呻吟，身体状况很糟）。这就是好撒玛利亚人寓言中的场景。如果说，第一组中有 63% 的学生停下来，那么第三组中只有 10% 的学生注意到这个“路人”（第二组中，有 45%，也就是近 1/2 的学生停下来，当他们认为他们还有时间赶到录音室）。结论就是：当我们有时间的时候，我们就会帮助其他人！

◆

社会规范能够促进相互帮助：看到其他人的帮助行为也会让我们想去帮助其他人。相反，不幸的是，社会规范也能阻碍相互帮助。在一个男人对一个女人实施暴力的案例中，肖特兰与斯特劳（Shotland and Straw）的研究表明，当旁观者认为双方是陌生人时，65% 的人会救助；而当被认为是一对夫妻时，只有 19% 的人会进行干预！有时候，标准还存在着不确定性：我是否要行动？就像我们之前看到的，约翰·达利和比博·拉塔内的研究指明，旁观人数越多，越会减少和降低帮助，因为每个人都不确定，大家都在看其他人的反应。这就是责任扩散：人越多，我们的责任感越少。

◆

如果说环境在帮助他人中扮演着重要作用，那么个人的心理状态也不能被忽视。例如，当人们对其他人的不幸感同身受时，帮助他人的行为就会增加。研究员们唆使学生撒谎或者作弊，之后发现，当学生感觉做了错事时，他们帮助别人的意愿就会更加强烈。在犯了错误之后，采取利他行为会让人们减少犯罪感。消极的情绪也会增加助人行为：帮助是一种“改变观点”的自我满足方式。

最后，要注意的是，我们更愿意帮助那些我们所依赖的人，这点就像“不愿意”一样是非常清晰、合理和可感知的；我们也愿意帮助同一群体的人和我们的亲属，因为他们对我们有吸引力，并且他们和我们相似。但这些都是

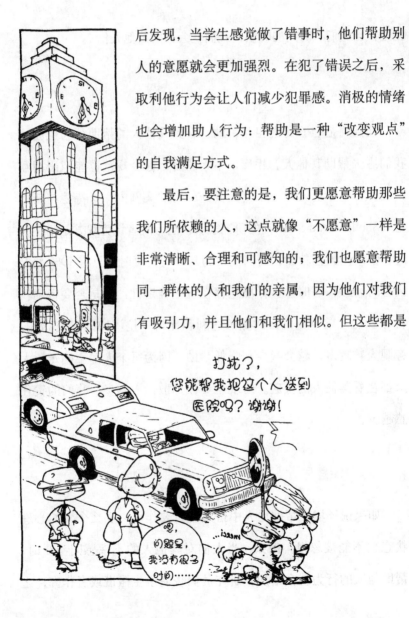

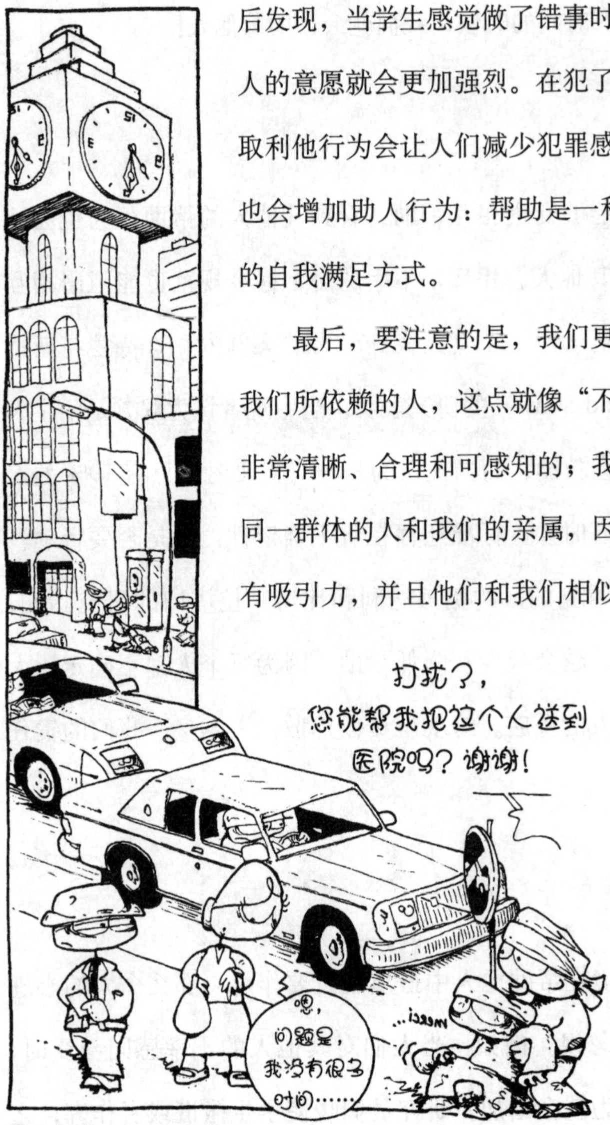

帮助，而不是利他主义。

◆

和利他行为研究同时进展的，还有对其对立面的研究：侵犯行为。侵犯行为指的是一个人在身体或者心理上恶意伤害他人的行为。注意，侵犯是一种行为，而侵犯性是一种个性特征或者一种态度。另外，侵犯和暴力是两种不同的概念，后者指的是暴力手段，强调双方的互动性。

临床心理学家西摩·费什巴赫（Seymour Feshbach）建议区分直接侵犯（敌意性侵犯）和间接侵犯（工具性侵犯）。直接侵犯的终极目的在于伤害其他人，而间接侵犯指的是为了达到某种目的，只是把伤害别人作为达到目标的一种手段。例如，丈夫殴打妻子，就是一种直接侵犯。

阿诺德·巴斯（Arnold Buss）提出了主动侵犯和被动侵犯。主动侵犯指的是活动带来危害，而被动侵犯指的是不活动而导致错误的产生，致使身体或者语言上受到侵犯。另外一位心理学家道尔夫·兹尔曼（Dolf Zillmann）提议，区分不舒服条件引起的侵犯和外部因素引起的侵犯。我们看到，区分侵犯行为的方式有很多种，科学地定义它是多么难的一件事情，并非看上去那么简单。

◆

约翰·多拉德（John Dollard），1900 年生于美国威斯康辛州，是一位社会学家，1931 年在芝加哥大学获得社会学博士学位。他和耶鲁大学的心理学家尼尔·米勒（Neal Miller）合作，开展了名为“战斗中的害怕和勇气”的研究，目的是研究士兵们的害怕和斗志。

从 20 世纪 30 年代末起，在第二次世界大战的背景下，多拉德和米勒一直进行他们的研究，并且在杜布（Doob）、莫勒（Mowrer）和西尔斯（Sears）的帮助下，他们提出了“挫折—攻击假说”。他们假设，攻击总是以挫折的存在为前提的，挫折不可避免地带来这种或那种形式的攻击。通常来说，带来挫折的人总是被攻击的对象。而当这个人不存在时，其他人就会受到攻击：也就是会产生替罪羊。米勒认为，这种攻击行为的转移由三个变量来决定：

- 受阻的强度；
- 抑制攻击的力量（预期惩罚）；
- 对象和替罪羊之间的相似性。

◆

这个理论在当时是非常新颖的，但是也有它的局限性。外部情境似乎改变了攻击固有的特点。另外，这一理论很难解释工具性攻击（和敌意性攻击相反）。

伦纳德·伯克威茨以传统的条件反射原理为基础，从联想心理学的视角出发，重新阐释了挫折和攻击之间的关系。要想产生攻击行为，挫折必须激发一种情绪的反应（例如生气）。除了挫折，其他所有的不愉快经历，都容易导致攻击行为的发生。因此，伯克威茨提出了一个模式，那就是：只有当挫折引起人们的不愉快时，攻击才会启动。

阿尔伯特·班杜拉（Albert Bandura）是著名的心理学家，认为攻击行为是从社会中习得的，而不是与生俱来的。在观察中学习（即通过模型学习），观察一种模式会引起观察者行为的变化，观察者要么重复范例的动作（即模仿），要么拒绝复制所观察到的行为，以避免和范例犯一样的错误。换句话说，范例的行为，不管是积极的还是负面的强化作用，都对观察者的行为起到反射作用。

个体本身并没有攻击行为的倾向，但是在其他人获得的直接经验以及可能带来的结果的影响下，个体就学会了这种攻击性行为。

班杜拉的社会学习理论使我们想到，电视暴力的例子容易引起电视观众的暴力行为，更何况，这些例子经常很有吸引力，尤其是对孩子和青少年。然而，只有当暴力行为带来正面影响时（换句话说，只有影响是正能量时），电视暴力才能引起电视观众的暴力行为。在负面影响的情况下，相反，我们没有看到攻击行为的出现，电视观众的模仿攻击行为甚至减少了。

另外，罗斯克兰茨（Rosencrans）和哈塔普（Hartup）的研究结果也证实了这个观点。他们指出，观察到因攻击行为而受到奖励的儿童接着也会做出攻击行为，而因攻击行为受到惩罚的儿童不会做出攻击行为。所以，看到因攻击行为受到奖励或者惩罚的儿童会适时地做出相应的反应。

同样的，另外一个由本顿（Benton）进行的比较研究指出，一个拥有直接或者间接的惩罚经验的孩子，对反社会行为有着同样程度的抑制能力。因此，观察的学习模式和获取直接经验的学习模式同样有效。

当我们提到利他主义的时候，怎么会想不到电影《天使爱美丽》（*Le Fabuleux Destin d'Amélie Poulain*）呢？这部2001年由导演让—皮埃尔·热内（Jean-Pierre Jeunet）执导的法国影片，讲述了一个年轻女人，艾米莉（Amelie Poulain）不停地寻找身边的幸福和不停地无私帮助其他人的故事。

离现实更近一点的，斯蒂芬·斯皮尔伯格（Steven Spielberg）在1993年改编了托马斯·肯尼利（Thomas Keneally）的小说《辛德勒的名单》（*Schindler's List*）。影片讲述的是奥斯卡·辛德勒（Oskar Schindler），一名德国企业家，同时也是纳粹成员，在二战中拯救了1000多名犹太人的故事。

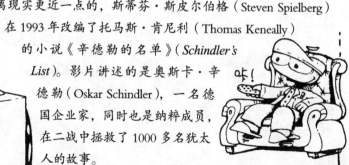

12

“滚吧，蠢货！”

社会思维和“互连”

TV SHOW
现在恐怖主义者
要在你们面前进
行演讲了!
EXIT
咔!
咔!
噢!
噢!
咔!
咔!
咔!
咔!
margot

1994 年，意大利的伊莫拉。

5 月 1 日，一级方程式赛车车手埃尔顿 · 塞纳（Ayrton Senna）在圣马力诺大奖赛上意外丧生。由于机械故障，时速达到 240 公里以上的赛车脱离了既定轨道，撞击在混凝土墙上支离破碎。巴西为这位车手举办了国葬。“在通往治丧委员会的路上，人们蜂拥而至，送别放置在灵车上的埃尔顿 · 塞纳的灵柩。这位巴西冠军的家人在路的尽头等着他。”广播里这样报道。

2008 年，法国巴黎。

2 月 23 日，在农业展览会上，法国总统尼古拉 · 萨科齐（Nicolas Sarkozy）和人群握手。一名男子拒绝和他握手。总统回敬道：“滚，你这个蠢货！”接着继续前行。这句话在所有的媒体上滚动播出，并在互联网上引起了轩然大波。

埃尔顿 · 塞纳事件和尼古拉 · 萨科齐事件有什么关系呢？人们对两起事件的反应和“直觉”有什么联系呢？再一次，要用社会心理学来解释。

◆

在很长的一段时间，人文和社会科学界存在两种相对的“思维”方式，科学思维和自然思维。符合形式逻辑的科学思维是一种数学论证的思维，它通过推断而得出一个既定的未知结论。相反地，限于孩子、原始人或者精神病人的自然思维，是一种片面的、歪曲的或者错误的思维：小孩子相信圣诞老人，“原始人”害怕天空砸到头上，精神病人想象自己是拿破仑或者相信2加2等于5。自然思维是建立在即有经验基础上的（也就是说，通过我们的感知，从环境中获得的直接知识），这种思维通过日常生活语言来表达，而非抽象或者学术的科学语言。同时，这种思维方式从结论出发，重新诠释现实。

在这两种完全不同的思维方式中，人

们肯定会在第一时间就放弃了对“错误”思维的研究。但为什么我们要对“错误的推理”和对“不存在”的事情感兴趣？这是因为对那些制造出错误推理的人来说，这些都不是错误的，因为他们认为这些事情是存在的，还因为即便这种思维不符合数学推理逻辑，但总有它自己的逻辑，它总归符合一种逻辑。

一旦自然思维被运用到和其他人的互动中，它就被社会化了。社会思维能让我们明白社会人是怎样获悉日常生活事件、环境以及我们周围的所有信息。这就涉及了“日常”思维。当人们在回忆或者一起交谈的时候，就会体现出“日常”思维，它存在于不同形式的沟通方式中：个体间、制度和媒体。

◆

有时候，这两种相反的思维能够同时存在，人们也能自如地从一种模式切换到另外一种模式。还记得吗？今天早上，你在吃早餐的时候，还在心不在焉地听广播。不管怎样，你认为自己是个百分百理性的人。宗教教主或者招摇撞骗的人绝对不是你的菜。然而……然而……现在，你停下来，认真地听广播。

广播里说的是什么？股票课？有趣且特殊的地理政治分析？天气预报？不是……只是简简单单的星座运程！即使你不迷信，你也会绕过街上的梯子行走，所以当听到你的星座的时候，你很

有可能竖起耳朵。

◆

历史上从来都不缺乏这样的事件：人民的怨恨、造反的人们、革命团伙、犯罪团伙、集体屠杀、不可控的人民和暴力热情。这些"历史意外"，这些勾勒出我们历史的事件，这些极端情景，这些有争议的历史有时候储存在我们的集体记忆里。一般来说，这些集体热情总是引发蛊惑和焦虑。在这种状况下，很难否认极端行为的存在，于是要用一个词来解释这些极端行为的根源：一个能够整合价值和冲突的词；一个能够引起所有人民拥护或者排斥的词；一个能

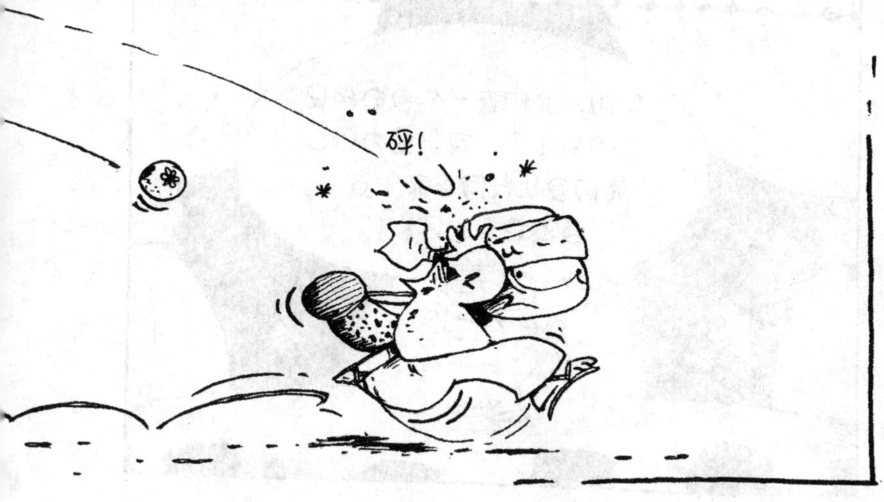

够激发厌恶、拒绝、仇视和进攻性的词；一个能够在短时间内忽略群组间差异的词；一个，当然，这不是一个简单的词。

◆

为了解释某些强大气场的集体运动，法国研究者米歇尔—路易·鲁凯特（Michel-Louis Rouquette）在1994年引入了“互连”的概念。作为关键词、载体和语言参考，在一个时代和一个背景下，它符合“特定社会中的大众逻辑前情结”。这个概念供人们参考但也会引发一些极端行为。例如，法国大革命时代的座右

铭“自由、平等和博爱”，冷战时期的组词“资本主义/共产主义”都是很好的例子。同时，我们还能想到“祖国”“恐怖主义”“革命”“塞纳”“欧洲宪法”“福岛”“转基因生物”和“麦当劳”。

因此，“互连”符合“特定社会中的大众逻辑前情结”。“结”当然是隐喻意义上的意思，它“把几个不同的态度相联在一起，并使它们融汇或者至少使它们相互依存”。情感是“连结”的中心：强大的赞同情绪或者否决情绪都会引发集体运动。1996年10月20日的比利时，30多万穿着白色衣服的民众沉默地在布鲁塞尔大街上进行“白色游行”，抗议连续奸淫虐杀女孩的恶魔“Dutroux事件”。“逻辑前”，可以理解为对话之前的逻辑。其实，“互连”在理性和语言讨论之前就形成和运行了。例如，在对气候变暖现象的争辩中，我们得出一些理论。然而这不是“互连”现象的典型事例，真正的思想不需要铺垫、对话和辩论。我们可以用这样一种方式来总结：我们不讨论——因为我们不能；或者这只是次要的——首要的还是我们的行动。

◆

美国研究者科恩（Cohen）让24名耶鲁大学的学生做一个关

于公共卫生的项目。经过审核，这些学生被赋予了民主主义者或者共和主义者的角色。在实验还没开始之前，需要注意的是，角色差别这个变量是影响学生是否同意的重要因素。即使在所信奉的政治立场和所属的政治群体完全对立的情况下。如果我是保守派，而我被纳入共和主义者阵营，那么，比起民主主义，我更加赞同共和主义！

想象一下，我们要把一些政治议案分配给一个大众党和一个特殊党。这只是先前例子的简化版，除非起着“互连”角色的政党的出现。这就是米歇尔—路易·鲁凯特之前提到的理论。我们筛选了 NSDAP（德意志民族社会主义工人党）项目的八个议案。

例如，“所有的公民应有同样的权利和义务”；“我们要求分享大企业所获得的利润”；“政府应该负责公众健康，保护妇女和儿童，禁止青少年工作”；“我们要求实现退休养老系统”，等等。

这些议案里没有任何排外或者仇视犹太人的意思，接下来就要把它们发给不同的人。我们发给了三组不同的学生，他们或者属于“政治党”，或者属于“社会民族党”，或者属于“纳粹党”。如果分派的政党和他们自己的意愿相符的话，那么三组同学的回答应该是一致的。

然而答案却大相径庭。比起政治党或者社会民族党的同学们，纳粹党的同学们否决了很多提议。怎样来解释这种结果呢？不能仅仅认为是标签效应发挥了作用，更重要的应该是“互连”效应起了作用。事实上，严格而客观地讲，“社会民族”和“纳粹”是同等的。而“纳粹”这个客观的词，是多么完美地展现了“互连”的效果。

◆

“互连”的特征有哪些呢？

首先，它有着集体的特点。它被人们及当时的社会认同。米歇尔—路易·鲁凯特写道，它是“非理性核心，它给特定时代下特定团体提供了参考价值”。

“互连”出现在危机、冲突和威胁情境里，无论这个情境是真实的还是假设的，它都能够鼓动人群。因为它只出现在冲突状况下，那么当威胁或者冲突消失的时候，它也就消失了。事实上，当处于“危险”境地的时候，我们的国家也找不到更加简单的解决办法。

例如，2002 年 4 月 21 日的晚上以及之后的一些天，在第二轮法国总统选举的时候，极右党的一名候选人获得了被选举资格，这一结果激怒了法国人民。因为这名候选人，就是勒庞（Le Pen)，他被认为是“法国的危险”[2002年4月24日《世界报》(*Le Monde*)]，一旦挫败产生，为了“保卫法国”[2002年4月22日《解放报》]，就要战胜它。成千上万的法国人自发组织罢工和游行，不管他属于哪个党派，目的都是为了挽救法国。其中，我们听到达米安·塞斯（Damien Saez）所写的歌词，他在第一轮选举结束之后录制了这首歌：“百分之二十的可怕，百分之二十的害怕。无意识的酒醉，法国的子民们。在觉醒的国家，自杀般地遗忘。不不不不，我们是，我们是人权的国家。我们是，我们是宽容的国家。我们是，我们是觉醒的国家。我们是，我们是该到抵抗的时候了。”(《法国的子民》，达米安·塞斯，2002年)

另外，值得注意的是，如今在很多国家举行的多种形式的怀念活动都是为了纪念那些使我们从冲突中走出来的事件。

当“互连”达到高潮的时候，群组内和群组外的区别就被屏蔽了，哪怕是短暂的。2002年4月21日之后发生的游行——第二轮法国总统选举极右派候选人的冲击——无论是“左派”，还是“右派”的军人或者民众，他们一起团结起来，捍卫法国。这让我们联想到，为了最高目标，群组内冲突会暂时消失（见第 5 章谢里夫的研究）。

其实，已经存在一个既有的、想象中的“互连”的词，这就是：“自由”或者“公正”，但这样的“互连”词显得宽泛和抽象，很难对它们下一个清晰并简洁的定义，更何况，也无法通过代表性的情境表现出来。

除此之外，把“互连”编入索引的话，也只能有这么一个词，因为其他同等词无法表达同样的意思。“疯子”不是“精神病人”，而“纳粹”也不等同于我们之前看到的“社会民族”。

最后一点，夸张是一种优越的语言表达形式（例如，夸张的演讲）。

离我们近一点的案例中，“9 · 11”成为了一个代表性的词。在袭击案发生之后的几天、几周以及几个月，“9 · 11”产生的影响就像是“互连”—— 这不是个社会表演，因为没有时间来制造这起事件——我们不认为这依旧是当今法国的情况。在报纸上或者谈话中，“9 · 11”这个词意味着灾难和耻辱：“这是‘9 · 11’的……”2002 年 10 月的莫斯科剧院人质事件被“公众认为是俄罗斯的‘9 · 11’”。2002 年 12 月的《外交世界》的报告中这样写道。

啪!
margot

?
哎哟！朋友！
来这里吧……
你就不会孤单了！

我非常庆幸地遇见你……
我们刚才在剧院里听了你的
演讲……你真够勇敢！！！
这里所有的朋友都为
你鼓掌！！！

Marga

后记

咕可是个幽默的小人物，很多年以来，在我的绘画作品中他一直是主角。起初，他只有一个同伴，也就是他的化身，咕可二世。后来在他的冒险历程中，我又加入了女版咕可，咕可可。简而言之，他们都很有意思，虽然他们总是打打闹闹，但却会问一些形而上学的问题。但是，我觉得会有点混乱，因为这些人物都太相似了。

在为这本社会心理学著作配插图的时候，这的确成了一个难题，但我没有找到真正的解决办法。咕可成倍增长，变成了成千上万个长得一模一样的人。但最终我对我的克隆行为释怀了，因为这些善良的小人物构成了一个真正的人类社会，在这个社会里，所有人都是相似的：社会心理学立刻变得简单易懂。

在这次新的旅程里，我希望我的咕可们都穿着服装。当然，这样就减少了混淆他们的风险，但对我来说，这更是一种重塑他们的方式。虽然有句谚语说，“穿上僧袍就是和尚”，但人们经常不相信它。在当今的社会，我们的角色、我们的职务和我们的标签决定了我们的特点，一般来说，也引导着我们的行为举止。

当我们写一个传奇故事的时候，总是有一部分故事被遗漏。当然，因为是我们自己选择的人物形象，所以清楚怎样能使这些人物变得鲜活，也清楚想要讲述的是什么内容。但是一页一页、一个章节一个章节下来，随着场景的不断堆积和发展，咕可和咕可可之间的对话，变成了他们自己的对话，随之不得不增加的场景和我之前构思的不一样。在某一刻意外出现的结尾，也偏离了我本身的意愿。

当画到最后几个章节的时候，这种不由我的意志而突然出现的剧情让我觉得异样，我甚至已经忘记本来设计好的剧情，并没有察觉令我不安的故事情节是怎样悄悄地消失的。在这种惊讶的心情下，我画到了最后，由此不甚惶恐。

不管怎样，我希望本书能让大家乐在其中，并对了解人们的行为举止方面有所帮助。最后谦虚地讲，我也希望本书有助于建立一个智慧且彼此尊重的世界，也就是让我们更加舒心的世界。

西尔万·德卢伟邀请我和他一起来完成这个项目。他给了我一个表达自我的机会。我深深地感谢他，感谢他的信任，也感谢他对我的每幅插图所给予的鼓励。我希望我的绘画作品能够使书中的每个主题都显得更加鲜明和生动，我也希望各种神奇的实验结果带给我们更多深远的影响。

最后，要感谢另外一个社会心理学领域的专家，我的弟弟大卫·瓦蒂斯（David Vaidis）。当我沉浸在这本书里的时候，他也在写他自己的一本书。我的弟弟是随着我漫画中的人物长大的，但近几年是他带我走进社会心理学的领域。在此，我也要感谢他。

尼古拉·瓦蒂斯（Nicolas Vaidis），又名玛戈特（Margot）

（www.aventurier-dessinateur.fr）

图书在版编目(CIP)数据

我们为什么做蠢事？/(法)西尔万·德卢伟著；(法)玛戈特绘；张少琼译.—上海：格致出版社：上海人民出版社，2017.4

ISBN 978－7－5432－2720－0

Ⅰ.①我…　Ⅱ.①西…　②玛…　③张…　Ⅲ.①社会心理学-通俗读物　Ⅳ.①C912.6－0

中国版本图书馆 CIP 数据核字(2017)第 023910 号

责任编辑　程筠函
美术编辑　路　静

我们为什么做蠢事？

[法]西尔万·德卢伟 著　[法]玛戈特 绘
张少琼 译

出　版	世纪出版股份有限公司　格致出版社 世纪出版集团　上海人民出版社 (200001　上海福建中路 193 号　www.ewen.co) 编辑部热线　021-63914988 市场部热线　021-63914081 www.hibooks.cn	印　刷	上海商务联西印刷有限公司
		开　本	720×1000　1/16
		印　张	13.25
		插　页	3
		字　数	106,000
		版　次	2017 年 4 月第 1 版
发　行	上海世纪出版股份有限公司发行中心	印　次	2017 年 4 月第 1 次印刷

ISBN 978－7－5432－2720－0/B·27　　定价：36.00 元

Pourquoi faisons-nous des choses stupides ou irrationnelle?!

by Sylvain Delouvée and Margot

上海市版权局著作权合同登记号：图字 09-2013-193